Herzhaftes Allgäu

**Liebe Kochbegeisterte,
sehr geehrte Genießer,**

die typischen, jahrhundertalten Speisen, die hier im wunderschönen Allgäu tief verwurzelt sind, können Sie in diesem Kochbuch finden. Rezepte, die eigentlich so geheim sind, das Zugereiste diese nie zu Essen bekommen, es sei denn, sie sind mit den Einheimischen gut bekannt und werden von diesen in die Geheimnisse der Allgäuer Küche eingeweiht.

Alle Gerichte sind aus Lebensmitteln hergestellt, die bei uns im Allgäu produziert werden: Produkte von Kühen, die auf sattgrünen Wiesen weiden, Rehe die bei uns im Wald zuhause sind, Fische, die in klaren Bächen schwimmen und Gemüse und Kräuter sowie Äpfel und Beeren, die bei uns in unseren Gärten wachsen.

Ich wünsche Ihnen recht viel Spaß beim Nachkochen, jederzeit ein gutes Gelingen und natürlich viel Freude beim Genießen unseres »Herzhaften Allgäus«!

Ihre Rita Brinz

Frau Rita Brinz wünscht Ihnen viel Spaß mit dem Herzhaften Allgäu.

Inhalt

▲ Vorspeiß:

Allgäuer Käseknödelesuppe 12
Allgäuer Käsesuppe 14
Einlaufsuppe 16
Gerstensuppe 18
Grießbrandteigknödel-Suppe 20
Grießknödelsuppe 22
Kartoffelsuppe mit Wienerle 24
Bratknödelsuppe/Brätspätzlesuppe 26
Brätstrudelsuppe 28
Kohlrabicremesuppe 30
Kräuterflädle-Suppe 32
Lauchcremesuppe 34
Leberknödelsuppe/Leberspätzlesuppe 36
Klare Fleischsuppe (Grundbrühe) 37

▲ Hauptgericht:

Allgäuer Brenntar mit Bratkartoffeln 40
Allgäuer Filettopf mit Champignonsoße 42
Allgäuer Geschnetzeltes 44
Allgäuer Kässpatzen 46
Allgäuer Käsestrudel 48
Allgäuer Maultaschen 50
Allgäuer Schweinebraten 52
Allgäuer Schweinebrust mit Kräuter-Käse-Füllung 54
Allgäuer Semmelrollbraten 56
Kassler in Blätterteig mit Ofenkartoffeln 58
Böfflamott 60
Bratkartoffeln überbacken – Sportlerpfanne 62
Cordon bleu mit Kartoffelsalat 64
Fleischküchle 66

Gefüllte Kalbsbrust 68	Panierte Schnitzel mit Bratkartoffeln 98
Jägerschnitzel 70	Rinderrouladen mit Speck und Zwiebeln 100
Kalbfleisch an heller Sauce 72	Sauerbraten mit Birnen/Preiselbeeren und Spätzle und Blaukraut 102
Kalbshaxen oder Schweinshaxen 74	
Käskartoffeln mit Zwiebelringen 76	Saure Kartoffeln 104
Käsemaccaroni 78	Saure Kuttelen mit Semmelknödeln 106
Kassler Ripple mit Kartoffelpüree 80	Schweinefilet im Allgäuer Schinkenmantel 108
Katzengschrei 82	Schweinefilet mit Brätfüllung in Blätterteig 110
Kesselfleisch mit Kartoffelpüree und Sauerkraut 84	Schweinekrustenbraten nach Allgäuer Art 112
Krautwickel 86	Schweinelendchen an Rahmsauce 114
Krautkrapfen abgeschmelzt mit Zwiebeln 88	Schweinerollbraten, mit Filet gefüllt 116
Krautnudeln 90	Tafelspitz (Siedfleisch) in Meerrettichsahne 118
Krautschupfnudeln 92	Überbackene Pfifferlingsschnitzel 120
Krautspatzen 94	Allgäuer Zwiebelfleisch 122
Linseneintopf mit Spätzle 96	Zwiebelrostbraten mit Krautkrapfen 124

A Beilag und a Gmüs:

Allgäuer Käsknödel..128
Allgäuer Ofenkartoffeln...130
Bayrisches Kraut..132
Bohnengemüse..134
Bratkartoffeln..136
Kartoffel Rösti...138
Kartoffelknödel...140
Kartoffelschnupfnudeln..142
Rüble-Erbsle-Gemüse...144
Blumenkohlsalat, gekocht..146
Bohnensalat, gekocht..147
Gekochter Karottensalat...148
Gekochter Weißkrautsalat..149
Kartoffelsalat..150
Rettichsalat..151
Roher Weißkrautsalat..152
Rote-Beete-Salate, gekocht..153
Brezenknödel, Semmelknödel, Serviettenknödel........................154
Spätzle und Spinatspäzle..156
Weißkrautgemüse mit Speck...158

Abkürzungen:

EL = Esslöffel

g = Gramm

gem. = gemahlen

kg = Kilogramm

l = Liter

Min. = Minuten

ml = Milliliter

Msp. = Messerspitze

P. / Pck.= Päckchen

Pr. = Prise

St. = Stück

TK = Tiefkühl

TL = Teelöffel

Ist nichts anderes angegeben, reicht die angegebene Rezeptmenge für 4 Personen.

A Vorspeiß

Allgäuer Käseknödelesuppe

Zutaten für ca. 20 kleine Käseknödele:
50 g Butter
1 Ei
50 g geriebener Allgäuer Emmentaler
50 g Semmelbrösel
Salz, Pfeffer und Muskat
Schnittlauch
1500 ml fertige Fleischsuppe, s. S. 37, Grundrezept klare Fleischsuppe

Butter schaumig rühren, Ei, Käse und Semmelbrösel dazugeben. Mit Salz, Pfeffer und Muskat abschmecken. Den Teig kurz quellen lassen. Mit einem Teelöffel kleine Nockerl formen, ins kochende Salzwasser geben und 10 bis 20 Minuten ohne Deckel ziehen lassen. Knödel mit einem Schaumlöffel aus dem Wasser nehmen und in die heiße Fleischbrühe einlegen. Mit Schnittlauch bestreuen und servieren.

Allgäuer Käsesuppe
mit Brotwürfeln

Zutaten:
1 Zwiebel
1 EL Butter
1 Karotte
½ Stange Lauch
1 EL Mehl
1 Fleischbrühwürfel
Salz, Pfeffer, Zucker
4 EL geriebener, würziger Bergkäse
100 ml Sahne
Schnittlauch

Zwiebel fein würfeln, Karotte raspeln, Lauch in sehr feine Halbringe schneiden.
Die Zwiebelwürfel glasig in Butter andünsten. Die Karotten und den Lauch zugeben.
Mit Mehl stauben und mit 1 l Wasser aufgießen.
Mit Fleischbrühwürfel, Salz, Pfeffer und Zucker würzen.
Ca. 15 Minuten köcheln lassen. Die steif geschlagene Sahne unter die Suppe ziehen, den Käse auf die Suppe geben und mit Schnittlauch bestreuen.
Kurz vor dem Servieren Suppencroutons dazugeben.

Einlaufsuppe

Zutaten:
20–30 g Mehl
2 Eier
1–2 EL Wasser
1250 ml Brühe
Salz
Schnittlauch

Wasser und Eier mit Mehl zu glattem, dünnflüssigen Teig rühren, langsam unter leichtem Rühren in die kochende Brühe geben, kurz aufkochen lassen, salzen, mit Schnittlauch anrichten.

Tipp:

Nie eine Einlaufsuppe mit dem Topfdeckel abdecken, sie wird trübe.

Gerstensuppe

Zutaten:
30 g Butter
60 g Speck, in feine Würfel geschnitten
120 g Gerste
1250–1500 ml Wasser
Salz, Muskat, Fleischbrühewürfel, Maggi

Die Butter zerlassen, den Speck darin auslassen, die Gerste kurz mitandünsten, mit Wasser aufgießen, würzen, ca. 45 Minuten offen kochen lassen, verdampftes Wasser nachfüllen.
Mit Schnittlauch garnieren.

Tipp:

Evtl. weiße Bohnen im Dampfdrucktopf kochen und dann dazugeben.

Grießbrandteig-knödel-Suppe

Zutaten:
250 ml Milch
20 g Butter
Salz
65 g Grieß
1 Ei
1500 ml fertige Fleisch-brühe, s. S. 37, Grund-rezept klare Fleischsuppe

Die Milch mit Butter und Salz zum Kochen bringen, den Grieß einstreuen und rühren, bis sich der Teig vom Topf löst.
Nach dem Erkalten Ei und Muskat unterrühren und Klößchen formen.
Das Fett in der Fritteuse erhitzen und die Klößchen in das heiße Fett legen, bis sie goldgelb sind (nur kurze Zeit).
Die Klößchen aus dem Fett nehmen und warm halten.
Fleischbrühe erhitzen und die Klößchen in die Suppenschüssel geben.
Nun die heiße Fleischbrühe darüber gießen und servieren.

Grießknödelsuppe

Zutaten:
125 ml Milch
30 g Butter
60 g Grieß
1 Ei
Salz
1500 ml fertige Fleischsuppe, s. S. 37, Grundrezept klare Fleischsuppe

Milch mit Butter und Salz zum Kochen bringen. Grieß einstreuen und weiterrühren, bis eine dickliche Masse entsteht.
Vom Herd ziehen, mit Handrührgerät das Ei unterrühren.
Mit Muskat und gehackter Petersilie abschmecken.

Salzwasser zum Kochen bringen, aus dem Teig kleine Suppenknödele formen, ins kochende Wasser geben und ohne Deckel ca. 15 bis 20 Minuten darin ziehen lassen.
Mit Schaumlöffel herausnehmen und in die heiße klare Fleischbrühe einlegen.
Servieren.

Kartoffelsuppe
mit Wienerle

Zutaten:
- 250–500 g Kartoffeln
- 30 g Butter
- 1 Zwiebel
- 20 g Mehl
- 1250 ml Flüssigkeit (750 ml Wasser + 500 ml Milch)
- Salz, Petersilie, Majoran
- Maggi und Muskat
- 1 Fleischbrühewürfel
- 4 Paar Wienerle

Kartoffeln waschen, schälen und in gleichmäßige Würfel schneiden. Zwiebeln kleinschneiden, in Butter glasig andünsten, dann Kartoffelwürfel dazugeben und mitandünsten. Mit Mehl bestauben, durchdünsten, aufgießen, würzen und bei mäßiger Hitze garkochen lassen, Garzeit ca. 20 bis 25 Minuten. Im Mixer pürieren und vorsichtig erhitzen. Wienerle in 2 cm lange Stücke schneiden, zur Kartoffelsuppe dazugeben, erhitzen.

Tipp:
Mit Sahne verfeinern.

Brätknödelsuppe / Brätspätzlesuppe

Zutaten:
60 g Butter
6 EL Semmelbrösel
3 Eier
300 g Brät
3 EL Mehl
Salz, Muskat, Petersilie, etwas Zitronenschale
1500 ml fertige Fleischsuppe, s. S. 37, Grundrezept klare Fleischsuppe

Garnitur:
1 Bd. Schnittlauch

Butter schaumigrühren, Semmelbrösel, Eier, Brät, Mehl und Gewürze dazugeben, verrühren, abschmecken. Für die Brätknödelsuppe Knödel oder Nockerl formen, in das kochende Salzwasser einlegen.
Garzeit: 15 Minuten, danach mit Schaumlöffel herausnehmen.

Für die Brätspätzlesuppe den Brätteig, durch den Spätzlehobel in das kochende Salzwasser hobeln.
Garzeit 10 Minuten, danach mit dem Schaumlöffel herausnehmen.

Anschließend in der heißen, fertigenn abgeseihten klaren Fleischsuppe servieren. Mit Schnittlauchröllchen garnieren.

Brätstrudelsuppe

Zutaten:
Pfannkuchenteig:
125 g Mehl
1 Ei
1 Prise Salz
ca. 250–300 ml Milch

Brätfülle:
125 g Brät
2 EL Rahm
1 Ei
¼ Bund Petersilie
Salz, Pfeffer, Muskat
1500 ml fertige Fleischsuppe, s. S. 37, Grundrezept klare Fleischsuppe

Aus den Zutaten einen dünnflüssigen Pfannkuchenteig herstellen und sehr dünne Pfannkuchen ausbacken und auskühlen lassen.

Alle Zutaten der Brätfülle zu einem glatten Teig verrühren, Petersilie feinwiegen und zugeben, würzen und gut abschmecken.

Einen Gefrierbeutel teilen, jeden Pfannkuchen auf eine Folie legen, mit Brät bestreichen, einrollen, mit Folie einwickeln und die Enden zubinden.
In kochendem Wasser ca. 15 Minuten garziehen lassen.
Mit Schaumlöffel aus dem Wasser nehmen, und kurz abkühlen lassen.
Gefrierbeutel aufschneiden und Brätstrudel herausnehmen.
Strudel in ca. 2 cm dicke Scheiben schneiden und kurz vor dem Servieren in die heiße Brühe legen, ansonsten weicht der Brätstrudel auf.

Kohlrabicremesuppe

Zutaten:
20 g Butter
400 g Kohlrabi
2 EL Mehl
1500 ml Wasser
1 Fleischbrühewürfel
200 ml Sahne
Salz, Pfeffer und Muskat

Butter im Topf schmelzen lassen und Kohlrabi in Scheiben oder Stifte schneiden und dazugeben, kurz mitdünsten. Dann Mehl dazugeben und mit dem Wasser ablöschen. Fleischbrühewürfel dazugeben.
Ca. 20 Min. köcheln lassen und dann pürieren. Sahne dazugeben und mit Salz, Pfeffer und Muskat würzen und abschmecken.

Kräuterflädle-Suppe

Zutaten:
100 g Mehl
250 ml Milch
1 Packung TK-Kräuter oder etwas Schnittlauch/ Petersilie gehackt
1 Prise Salz
2 Eier
1500 ml fertige Fleischsuppe, s. S. 37, Grundrezept klare Fleischsuppe

Zutaten mit einem Handrührgerät in einer Schüssel klumpenfrei verrühren. Pfanne trocken erhitzen, wenig Pfannkuchenteig hineingeben und dünn im Kreis auslaufen lassen. Am Rand wenig Öl dazu geben, wenden und auf der anderen Seite ausbacken.
Pfannkuchen noch heiß aufrollen und abkühlen lassen.

Erkaltete Pfannenkuchenrollen in Scheiben schneiden.
Kurz vor dem Servieren die Kräuterfläde vorsichtig in einen Suppenteller legen und mit Klarer Fleischsuppe aufgießen.
Niemals Flädle zur Fleischsuppe in Suppenterrine geben, denn die Flädle weichen sonst auf.

Lauchcremesuppe

Zutaten:
400–500 g Lauch,
in Ringe geschnitten
300 g Kartoffeln,
gewürfelt
1000 ml Fleischbrühe
Salz, Pfeffer, Muskat
1 Becher Sahne
20 g Butter
frische, fein gewiegte
Petersilie

Lauch und Kartoffeln in jeweils 500 ml kochende Brühe geben, ca. 15 bis 20 Minuten weichkochen. Die Kartoffeln mit dem Sud fein pürieren, in den Topf zurückgeben, den Lauch mit seinem Sud dazugeben, mit Salz, Pfeffer und Muskat würzen und nochmal aufkochen. Sahne und Butter einrühren, Petersilie daruntergeben.

Leberknödelsuppe/ Leberspätzlesuppe

Zwiebel und Petersilie fein hacken, in der Butter andünsten. Anschließend das Angedünstete und die restlichen Zutaten in eine Schüssel geben und mit dem Handrührgerät verrühren. Salzwasser in einem Topf zum Kochen bringen.
Für die Leberknödel mit der Hand schöne Leberknödel formen, in das kochende Wasser einlegen, 5 bis 10 Minuten ohne Deckel leicht köcheln lassen.
Für die Leberspätzle den Teig durch den Spätzlehobel in das kochende Wasser reiben.
Garzeit: 5 bis 10 Minuten ohne Deckel leicht köcheln lassen.

Fertige Leberknödel/Leberspätzle mit Schaumlöffel herausnehmen und in eine fertige klare Fleischsuppe einlegen. Mit Schnittlauch und Backerbsen bestreuen.

Zutaten:
1 kl. Zwiebel
Petersilie, sehr fein gehackt
1 TL Butter
100 g Rinderleber, gemahlen
1 Ei
3–4 EL Semmelbrösel
Salz, Majoran
Geriebene Zitronenschale (Bio)
1500 ml fertige Fleischsuppe, s. S. 37, Grundrezept klare Fleischsuppe
Schnittlauch
Evtl. Backerbsen

Klare Fleischbrühe (Grundbrühe)

Für die Fleischbrühe das Wurzelgemüse waschen, putzen und grob zerkleinern.
Alle Zutaten zum Kochen bringen.
Garzeit: 1 ½ Std.–2 Std. im Suppentopf ohne Deckel köcheln lassen, 30 Min. im Dampfdrucktopf.

Suppe nach beendeter Garzeit abseihen und abschmecken. Schnittlauch, in Röllchen geschnitten zu der fertigen Suppe geben.

Dieses Grundrezept kann verwendet werden als Brühe für sämtliche Suppeneinlagen.

Zutaten:
- 200 g Rinderknochen
- 250 g Suppenfleisch

Wurzelgemüse:
- ½ Stange Lauch
- 1 Selleriescheibe
- 1 Karotte
- 1 Zwiebel
- ¼ Bund Petersilie
- 1 Lorbeerblatt
- 1 TL Salz
- kl. Prise Muskat
- Schnittlauch

A Hauptgericht

Allgäuer Brenntar mit Bratkartoffeln

Zutaten:

500 g Kartoffeln, festkochend
300 g grobes Musmehl
Salz, Pfeffer
50 g Butter
ca. 400 ml Wasser

Kartoffeln zu Pellkartoffeln kochen, schälen und über Nacht abkühlen lassen.
In einer Pfanne das Musmehl mit der Butter unter ständigem Rühren anbräunen, mit Salz und Pfeffer gut würzen.
Anschließend mit ca. 400 ml Wasser nach und nach etwas angießen, dabei gleichmäßig rühren, bis die zugegossene Flüssigkeit vom gerösteten Musmehl komplett aufgesogen wurde. Bei schwacher Hitze zugedeckt etwa 20 bis 30 Minuten quellen lassen.
Mit der Röstiraspel Kartoffeln grob raspeln. Rösti in Butter goldbraun und kross braten. Salzen.
Nun, zum Servieren, werden die Rösti auf dem Brenntar angerichtet und, falls gewünscht, noch mit einer kleinen Prise Salz nachgewürzt.
Dazu passt Salat.

Allgäuer Filettopf mit Champignonrahmsoße

Schweinefilet:
6–8 Scheiben Schweinefilet
etwas Salz, Pfeffer, Paprika, Zwiebelgewürz
etwas Mehl
3 EL Öl

Soße:
30 g Butter
1 Zwiebel
200 g Champignons
125 ml Fleischbrühe
1 TL Mehl
etwas Sahne

Käsespätzle:
250–300 g Mehl
1 TL Salz
3–4 Eier
bis 250 ml Wasser
150 g ger. Emmentaler
50 g feingeschnittener Weißlackerkäse

Schweinefiletscheiben etwas flachdrücken, auf beiden Seiten gut würzen und in Mehl wenden. Nicht aufeinander legen. Fleischscheiben auf beiden Seiten je 2 Minuten anbraten, herausnehmen und zugedeckt warmstellen.
Etwas Butter in den Bratensatz geben, die Zwiebel feinwürfeln und andünsten. Champignons waschen, putzen, in dünne Scheiben schneiden, zugeben und mitdünsten. Mit Fleischbrühe aufgießen und aufkochen lassen. Die Soße nach Belieben mit dem angerührten Mehl binden, durchkochen lassen, abschmecken, Soße mit Sahne verfeinern. Filetscheiben in die Soße geben, 5 Minuten durchziehen lassen.
Spätzleteig von Hand mit Kochlöffel herstellen, portionsweise in das kochende Salzwasser hobeln und aufkochen lassen. Spätzle mit dem Seihlöffel aus dem Salzwasser nehmen und abtropfen lassen. Spätzle sofort lagenweise mit den beiden Käsesorten bestreuen, zudecken und warmstellen. Diesen Vorgang so lange wiederholen, bis alle Spätzle aufgebraucht sind. Etwas Spätzlekochwasser über die eingeschichteten Käsespätzle geben, mit einem Löffel und einer Gabel gut durchmischen.
Schweinefilet über die fertigen Käsespätzle anrichten, etwas Soße und Pilze darübergeben, die restliche Pilzsoße extra dazu reichen.

Allgäuer Geschnetzeltes

Zutaten:
400–500 g Schweine-, Kalbs- oder Geflügelfleisch (Filet)
nach Bedarf Salz, Pfeffer, Paprika, Kräutersalz, Curry
1 EL Bratfett

1 Zwiebel
100–150 g Champignons
1 EL Mehl
1 Becher Sahne
1 Tasse Wasser
1/2 Fleischbrühewürfel

Das Fleisch würzen. Bratfett erhitzen, Fleischstreifen darin von allen Seiten anbraten, dann aus der Pfanne nehmen. Zwiebel in feine Würfel schneiden, Champignons säubern und blättrig schneiden. Zwiebeln im Bratfond in der Pfanne andünsten, Champignons zugeben und mitandünsten. Mit Mehl stauben, mit Sahne und Wasser aufgießen, aufkochen lassen, Fleischbrühewürfel dazugeben, Fleisch in die Soße legen, kurz auf kleiner Stufe köcheln lassen, dann servieren.

Allgäuer Kässpatzen
mit gerösteten Zwiebelringen

Zutaten:
500 g Mehl
5 Eier
1 TL Salz
Etwas Mineralwasser
200 g Bergkäse, gerieben
100 g Limburger (in ganz kleine Stücke geschnitten)
2 Zwiebeln
Mehl, Salz, Pfeffer, Paprika, Curry
Frittierfett
50 g Butter

Aus den Zutaten einen Spätzleteig herstellen, sodass der Teig schwerreißend vom Löffel fällt. Die Spätzle mit einem Spätzlehobel in kochendes Wasser hobeln, kurz aufkochen lassen und mit einem Schaumlöffel abschöpfen.
Die Spätzle lagenweise in eine vorgewärmte Schüssel geben, und darauf eine Schicht geriebenen Bergkäse/Limburger verteilen. Schichtweise Spätzle und Käse einfüllen. Evtl. zwischendurch mit Pfeffer würzen.
Die Zwiebeln mit der Brotmaschine in sehr dünne Ringe schneiden.
Das Mehl mit den Gewürzen mischen und die Zwiebelringe damit bemehlen.
Nun in der Fritteuse goldgelb frittieren.
Die Butter leicht braun werden lassen.
Nun die Butter über die Käsespätzle geben und die Allgäuer Zwiebeln darübergeben, mit Schnittlauch bestreuen.

Dazu passt grüner Salat.

Allgäuer Käsestrudel

Zutaten:

Strudelteig:
250 g Mehl
125 ml Wasser
2 EL Öl, Salz
etwas Mehl zum Ausrollen

Füllung:
1 grüne Paprikaschote
1 rote Paprikaschote
1 Karotte
1 Zwiebel
125 g frische Champignons
20 g Butter zum Andünsten
375 g Hackfleisch
1 Ei
1 altbackener Semmel
Salz, Pfeffer, Muskat
Geriebener Knoblauch
200 g ger. Emmentaler

Zum Bestreichen:
1 EL Milch
1 Ei

Mit dem Knethaken des Handrührgerätes einen geschmeidigen Strudelteig herstellen. Danach mit Öl bepinseln und in einer angewärmten Schüssel ca. 30 Minuten ruhen lassen.
In der Zwischenzeit das Gemüse in Würfel schneiden, in Butter andünsten und mit Salz und Pfeffer würzen.
Für den Fleischteig das Hackfleisch, das Ei und die eingeweichte und ausgedrückte Semmel mischen und mit Salz, Pfeffer, Muskat und Knoblauch würzen.
Nun den Strudelteig auf einem bemehlten Geschirrtuch ausrollen und über den Handrücken dünn ausziehen.
Dann zuerst mit dem Fleischteig bestreichen, anschließend das Gemüse und den geriebenen Käse darauf verteilen.
Den Strudel aufrollen und auf ein gefettetes Backblech legen. Ei mit der Milch verquirlen und den Strudel bestreichen.
Im vorgeheizten Ofen bei 180 Grad Umluft ca. 35 Minuten backen.
Dazu passt am besten Salat.

Allgäuer Maultaschen

Zutaten:
300 g Mehl, Salz,
2 Eier, 2-3 EL Wasser

Füllung:
300 g Hackfleisch
200 g Brät
etwa 1 TL Salz
1 Zwiebel, gehackt
1 Bund Petersilie, gehackt
20 g Butter
1 Knoblauchzehe, zerdrückt
etwa ½ TL Pfeffer
1 Prise Muskat/Majoran
Abger. Zitronenschale
1 Ei
1 Semmel (in Wasser eingeweicht, ausgedrückt)
200 g Schinkenspeck, in kleine Würfel geschnitten
etwas Butter
zum Abschmelzen
2 Zwiebeln

Für den Nudelteig Mehl in eine Schüssel sieben, salzen. Eier und Wasser dazugeben und mit den Knethaken des Handrührgeräts zu einem festen, geschmeidigen Teig kneten. Teig zugedeckt 30 Minuten ruhen lassen.

Für die Füllung Zwiebel und Petersilie in heißer Butter andünsten, abkühlen lassen. Nun den eingeweichten Semmel mit dem Ei, den Gewürzen, dem Fleisch und der Zwiebel-Petersilienmischung mit den Knethaken fein vermischen.

Bei Bedarf noch etwas Semmelbrösel unterkneten.

Nudelteig auf bemehltem Brett portionsweise sehr dünn ausrollen, mit Teigrädle Fleckle in doppelter Größe der Maultaschen ausrädeln, Ränder mit Eiweiß bestreichen, ca. 2 Eßlöffel Hackfleischteig auf die eine Hälfte der Teigfleckle setzen, die andere Hälfte darüberklappen, mit Gabel festdrücken.

Maultaschen in das kochende Salzwasser geben und ca. 20-30 Minuten ziehen lassen. Aus den Zwiebeln sehr feine Ringe hobeln, etwas Mehl mit Salz, Curry und Paprika würzen, über die Zwiebeln geben, vermischen. In heißem Frittierfett goldgelb herausfrittieren.

Maultaschen aus dem Wasser nehmen, abtropfen lassen, auf einer Platte anrichten, mit zerlassener Butter abschmelzen, Zwiebeln darübergeben und mit gehackter Petersilie bestreuen.

Allgäuer Schweinebraten

Zutaten:
500 g Schweinebraten
Salz, Pfeffer, nach Belieben
Senf, Kümmel
3 EL Öl
1 Zwiebel
1 Karotte
1 Stück Sellerie

250–375 ml heißes Wasser
1 Brühwürfel

1 EL Stärke

Schweinebraten mit Senf bestreichen und würzen, Öl in einem Bräter erhitzen, Fleisch von allen Seiten gut anbraten, Wurzelwerk putzen, grob zerkleinern, mit anbraten, mit Wasser und Brühwürfel aufgießen.
Garzeit: im Ofen bei 180 Grad Umluft ca. 70 bis 90 Minuten (im Dampfdrucktopf 25 Minuten). Nach der Hälfte der Garzeit den Bräter mit einem Glasdeckel abdecken. Danach das Fleisch herausnehmen und kurz ruhen lassen. Soße abgießen, klare Soße mit angerührter Stärke dicklich einkochen.
Fleisch quer zur Faser aufschneiden, auf einer Platte anrichten, Soße darüberdrapieren und die restliche Soße in einer Soßenschüssel zum Tisch bringen.
Dazu passen Kartoffelknödel, Püree oder Kartoffelsalat.

Tipp:

Schweinebraten am Vortrag braten und abkühlen lassen. Mit der Brotmaschine auf Stufe 10 bis 12 schöne Scheiben schneiden, Soße erhitzen, Scheiben darin erwärmen. Das ergibt wunderschöne Schweinebratenscheiben.

Schweinebrust
mit Kräuter-Käse-Füllung

Zutaten:

1500 g Schweinebrust (oder Bauch) ohne Knochen
Salz, Pfeffer

500 g feines Kalbsbrät
½ Tasse süße Sahne
2 Eier
1 Bund Schnittlauch
1 Bund Petersilie
1 Bund Estragon
100 g gekochter Schinken
100 g Gouda
1 TL ger. Zitronenschale
1 EL getrockneter Majoran

Butterschmalz zum Braten
1 Flasche Bier
Küchenschnur

In die Schweinebrust mit einem Messer eine tiefe Tasche einschneiden. Würzen. Das Kalbsbrät mit der Sahne und den Eiern in einer Schüssel glattrühren, den Schnittlauch feinschneiden, die Petersilie und den Estragon feinhacken. Mit dem in Würfel geschnittenen Schinken und dem Gouda unter die Kalbsbrätmasse arbeiten. Mit Zitronenschale, Majoran, Salz und Pfeffer abschmecken. Die Masse in die Schweinebrust füllen und mit Küchenschnur zunähen. Butterschmalz in einem Bräter erhitzen und die Schweinebrust darin rundherum Farbe nehmen lassen. Im auf 200 Grad vorgeheizten Backofen 70 bis 80 Minuten garen. Während der Garzeit öfter mit Bier ablöschen, die Schweinebrust nach halber Garzeit mit einem Glasdeckel zudecken. Soße herstellen, binden.

Tipp:

Am Vortrag die gefüllte Schweinebrust fertiggaren und abkühlen lassen. Mit der Brotmaschine schöne Scheiben, ca. 7 mm dick, schneiden. Soße erwärmen; Scheiben hinein legen und miterwärmen. Das ergibt wunderschöne Schweinebrustscheiben und die Füllung hält.

Tipp:
Allgäuer Semmelrollbraten am Vortrag braten, abkühlen lassen, kalt – mit der Brotmaschine ca. 0,7 cm dicke Scheiben schneiden, Sauce erhitzen, Scheiben darin erwärmen. Das ergibt wunderschöne Rollbratenscheiben, und die Füllung hält.

Allgäuer Semmelrollbraten

Zutaten:

1 ¼ – 1 ½ kg Schweinebraten, als Rollbraten aufgeschnitten
Salz, Pfeffer, Paprika
6 Schweinebauchscheiben (dünn wie Aufschnitt)
250 g Brät
1 Zwiebel, gewürfelt
1 Semmel, eingeweicht
1 Ei
Salz, Pfeffer, Petersilie, Thymian, gehackt
30 g Butterschmalz
1 Wurzelwerk (Zwiebeln, Möhren, Sellerie, Petersilie)
1 frische Knoblauchzehe
250 ml Weißwein
500 ml Wasser
Fleischbrühewürfel
3 EL Stärke

Den Rollbraten außen und innen würzen. Mit den Schweinebauchscheiben belegen.
Die Zwiebeln glasig dünsten. Den Semmel gut ausdrücken. Zwiebel und Semmel zum Brät geben, würzen, und zu einer Füllmasse verarbeiten.
Die Semmelknödelmasse auf den ausgelegten Braten streichen.
Der Längsseite nach vorsichtig zusammenrollen. Mit Schnur zusammenbinden.
In einem Bräter im heißen Butterschmalz den Braten rundherum scharf anbraten.
Wurzelwerk grob zerkleinern, und eine Knoblauchzehe hinzugeben.
Immer wieder mit Wein und Brühe übergießen. Bei 200 Grad (Umluft) ca. 1 ½ Stunden in den Ofen geben und zugedeckt garen oder im DDT ca. 20–25 Minuten.
Schweinerollbraten herausnehmen, kurz ruhen lassen, in der Zwischenzeit die Sauce abgießen, nochmal erhitzen und mit der angerührten Stärke zu eine klaren Sauce binden.
Rollbraten quer zur Faser schneiden, auf einer Platte anrichten, mit ein bisschen Sauce drapieren.
Dazu passt sehr gut Kartoffelsalat, Püree oder Sauerkraut.

Kassler im Blätterteig
mit Ofenkartoffeln

Zutaten:

1 kg roh geräuchertes, gepökeltes Nackenkasseler ohne Bein
1 Rolle Blätterteig (Kühlregal)
1 Eigelb, mit 1 EL Sahne verquirlt

Blätterteig ausrollen und das Kasseler darauflegen. Zuerst die beiden Längsseiten, dann die beiden Schmalseiten darüberschlagen, sodass das Kasseler ganz eingehüllt ist. Zwei Fenster (Kamine) ausschneiden, damit der Dampf entweichen kann. Das Kassler auf ein mit Backpapier ausgelegtes Backblech legen. Mit Eigelbsahne bestreichen. Die Backzeit beträgt bei 200 Grad (Umluft) etwa 45 bis 60 Minuten.
Der Blätterteig ist fertig, wenn er goldbraun ist. Kasseler ein bisschen abdampfen lassen, in Scheiben schneiden und servieren.
Dazu passen Ofenkartoffeln, Kartoffelpüree, Kartoffelsalat und Sauerkraut.

Tipp:

Zum Backen im Blätterteig verwendet man mild gepökeltes und kurz geräuchertes Kasseler.

Böfflamott

Zutaten:

Beize:
- 250 ml Essig
- 750 ml Wasser
- 1 Tasse Rotwein
- Pfefferkörner, Nelken,
- 2 TL Salz
- Lorbeerblätter, Wacholderbeeren
- ½ Zwiebel, Wurzelwerk (Karotten, Zwiebel, Lauch, Sellerie)

1 kg Rinderschulter

Soße:
- 30 g Butterschmalz
- 2 TL Zucker
- 40 g Mehl
- 500 ml Sud
- 5 EL Rotwein
- 5 EL Essig

Alle Zutaten für die Beize zum Kochen bringen. In einen anderen Topf das Rindfleisch geben, die heiße Beize darübergießen und drei Tage im Kühlschrank darin liegen lassen. In heißem Butterschmalz das abgetropfte Rindfleisch anbraten. Die Beize aufgießen, Wurzelwerk dazugeben und zugedeckt drei Stunden leise kochen lassen. Dann das Fleisch herausnehmen.

Für die Soße aus dem Butterschmalz, Zucker und Mehl eine dunkle Einbrenne herstellen. Aufgießen mit dem durchgeseihten Sud und 30 Minuten unter häufigem Rühren kochen. Dann mit Essig, Zucker und Rotwein abschmecken.

Anschließend das Fleisch quer zur Faser aufschneiden und in der Soße ziehen lassen.

Als Beilage: Blaukraut, Kartoffelknödel oder Kartoffelpüree

Bratkartoffeln
mit Spiegelei und Käse überbacken (Sportlerpfanne)

Zutaten:
Ca. 800 g festkochende Kartoffeln
1 Zwiebel, gewürfelt
30 g Butterschmalz
4 Eier
50 g ger. Emmentaler

Kartoffeln mit Schale dämpfen, abdampfen lassen, schälen und in dünne Scheiben schneiden.
Butterschmalz in einer Pfanne erhitzen, Zwiebeln darin glasigdünsten und Kartoffeln zugeben. Diese salzen, wenden und braten, bis eine goldbraune Kruste entsteht. Die Eier über die Bratkartoffeln schlagen. Den geriebenen Käse darüberstreuen.

Im Ofen bei 200 Grad Umluft ca. 15 Minuten überbacken.

Cordon bleu mit Kartoffelsalat

Zutaten:
4 Kalb- oder Schweineschnitzel (evtl. Schmetterlingsschnitzel)
Salz, Pfeffer, Paprika
4 Scheiben Kochschinken
4 Scheiben Käse
z.B. Emmentaler
Holzspießchen

2–3 EL Mehl
1 Ei, verquirlt
2–3 EL Semmelbrösel
3 EL Butterschmalz

Zitronenscheiben, Petersilie zum Garnieren

Fleisch würzen, den Schinken und Käse darauflegen, die Schnitzel zuklappen und mit Holzspießchen zusammenstecken.
Panieren, d.h. zuerst in Mehl wenden, anschließend im Ei und dann durch die Semmelbrösel ziehen.
Butterschmalz erhitzen, Cordon bleu darin ca. 8 Minuten von jeder Seite anbraten (auf mittlere Hitze stellen, ansonsten wird Cordon bleu dunkel und nicht goldbraun). Das Cordon bleu auf einer Platte anrichten, garnieren.

Beginnen Sie mit dem Kartoffelsalatrezept, da gegarte Salate wegen des Geschmacks immer gut durchziehen sollten. Dieses Rezept finden Sie auf S. 150.

Fleischküchle

Zutaten:
500 g Hackfleisch
2 Semmeln, eingeweicht
2 Eier
1 Zwiebel, gewürfelt
Petersilie
Salz, Pfeffer, Paprika, Majoran, Basilikum, Muskat, Thymian, Rosmarin
30 g Butterschmalz
250 ml heißes Wasser
evtl. 2 EL Stärke

Hackfleischteig herstellen, indem mit dem Handrührgerät eine homogene Masse aus den eingeweichten Semmeln und den Eiern hergestellt wird.
Dann erst Hackfleisch, angedünstete Zwiebel und Petersilie zugeben und mit den Gewürzen abschmecken. Falls zu weich, Semmelbrösel dazugeben.
(Durch die zuerst verrührten Semmel und Eier wird erreicht, dass eine viel feinere Hackfleischmasse hergestellt werden kann.)
Nun jeweils eine Hackfleischkugel von ca. 120 g zu einem Fleischküchle formen.
In heißem Butterschmalz auf jeder Seite goldbraun anbraten, herausnehmen, Bratenansatz mit Wasser ablöschen und zu einer Soße kochen. Fleischküchle hineinlegen und ca. 10 Minuten leicht köcheln lassen.
Evtl. mit angerührter Stärke binden.
Dazu passen sehr gut Kartoffelpüree und Karottensalat.

Tipp:

Am Vortrag die gefüllte Kalbsbrust fertig garen und abkühlen lassen. Mit der Brotmaschine schöne Scheiben in ca. 0,7 cm Dicke schneiden. Soße erwärmen, Scheiben hineinlegen und miterwärmen. Das ergibt wunderschöne Kalbsbrustscheiben und die Füllung hält besser.

Gefüllte Kalbsbrust

Zutaten für 6 Personen:
1500 g Kalbsbrust (Tasche eingeschnitten vom Metzger)
500 g Kalbsknochen
Salz, weißer Pfeffer

Semmelfüllung:
3 trockene Semmeln
2 Eier
3 EL Sahne
125 ml lauwarme Milch
Salz, Pfeffer, Muskat
1 Zwiebel, fein gewiegt
1 Bund Petersilie, gehackt
30 g Butter
2 EL Semmelbrösel

Zum Braten:
50 g Butterschmalz
1 Zwiebel, geviertelt
1 Karotte, grob geschnitten
500 ml heiße Fleischbrühe
2 EL Weißwein
2 EL Sahne
2 EL Stärke

Das Fleisch innen und außen mit Salz und Pfeffer einreiben.
Für die Füllung Semmeln in dünne Scheiben schneiden. Eier mit Sahne und Milch verquirlen, mit Salz, Pfeffer und Muskat würzen und über die Semmelscheiben gießen. Zwiebel und Petersilie in Butter andünsten und daruntermischen. 30 Minuten einziehen lassen. Falls die Masse zu weich ist, mit Semmelbröseln binden. Die Kalbsbrust damit füllen und zunähen.
Ofen auf 220 Grad Umluft vorheizen, Butterschmalz im Bräter erhitzen, das Fleisch anbraten und dabei Knochen, Zwiebel und Karotte mitbräunen. 250 ml Brühe aufgießen. Bräter in den Ofen schieben. Nach etwa 30 Minuten das Fleisch wenden, Hitze auf 190 Grad reduzieren, Bräter zudecken und gar braten. Das Fleisch während des Bratens mehrmals mit dem Bratensaft begießen. Bei Bedarf Brühe aufgießen. Garzeit etwa 2 Stunden (Dampfdrucktopf: 25 Minuten). Fleisch und Knochen herausnehmen, das Fleisch 15 Minuten ruhen lassen. Den Bratenrückstand mit Brühe aufkochen, durchseihen, mit Wein abschmecken, einkochen. Mit Sahne verfeinern und mit angerührter Stärke die Sauce binden. Das Fleisch in dicke Scheiben schneiden, auf einer vorgewärmten Platte anrichten, Soße dazu extra servieren. Gefüllte Kalbsbrust immer mit heißen Birnenhälften und Preiselbeeren garnieren. Dazu passen Kartoffelsalat, Spätzle, alles Frittierte wie Kroketten usw. und Gemüse.

Jägerschnitzel

Zutaten:

4 Schweineschnitzel
Salz, Pfeffer
1 EL Mehl
1 Ei
30 g Butterschmalz
2 Zwiebeln
100 g Speck
200 g frische Pfifferlinge
30 g Butter
150 g Crème fraîche
Salz, Pfeffer
1 EL gehackter Petersilie

Dunkle Bratensoße:

500 g Kalbsknochen
10 g Butterschmalz
60 g Wurzelgemüse (Lauch, Karotte, Sellerie, Zwiebel)
½ Knoblauchzehe, zerkleinert
1 Zweig Thymian + Rosmarin
1 EL Tomatenmark
125 ml Weißwein
750 ml heißes Wasser, Salz
1 EL Stärke

Fleisch leicht klopfen, mit Salz und Pfeffer bestreuen. Schnitzel in Mehl und dann in verschlagenem Ei wenden. Butterschmalz zerlassen, Fleisch von beiden Seiten darin anbraten und auf vorgewärmter Platte warmstellen.

Zwiebeln und Speck in kleine Würfel schneiden und im Bratfett hellgelb rösten lassen, die Pilze hinzufügen und miterhitzen. Crème fraîche unterrühren, aufkochen lassen, ca. 10 Minuten leicht köcheln und Soße abschmecken.

Dunkle Bratensoße: Knochen in viel kaltem Wasser zum Kochen bringen, 3 Minuten blanchieren und abgießen. Butterschmalz im Bräter erhitzen, Knochen anbraten, kleingeschnittenes Wurzelwerk zugeben, Thymian und Rosmarin ebenfalls.

Den Bräter in den 230 Grad (Umluft) heißen Ofen geben, weitere 10 Minuten anrösten lassen. Tomatenmark zugeben, mit Wein aufgießen und verdampfen lassen, damit sich brauner Fond bildet. Mit 750 ml heißem Wasser aufgießen. Anschließend 3½ Stunden im Ofen bei 130 Grad Umluft langsam einkochen lassen. Abgießen, mit angerührter Stärke binden und mit Salz würzen.

Beim Anrichten die Bratensoße auf den Teller drapieren, das Schnitzel darauflegen, die Pfifferlingssoße auf den Schnitzeln anrichten. Dazu passen Röstkartoffeln.

Variation:

Das Kalbfleisch an heller Soße ist die Füllung für Königinnenpastetchen. Dafür 6 Blätterteigpastetchen beim Bäcker kaufen, ½ Rezept Kalbsfrikasse zubereiten, die Blätterteigpastetchen im Ofen heiß machen, ohne dass sie Farbe annehmen. Dann mit dem Kalbsfrikasse füllen, Deckel daraufgeben, schön anrichten.

Kalbfleisch an heller Sauce

Zutaten:

Weiße Kalbsbrühe:
2500 g Kalbsknochen
200 g Wurzelgemüse
3 Champignons
2 Petersilienzweige
1 Zweig Thymian
1 Lorbeerblatt, Salz
750 g Kalbfleisch, geschnetzelt

Sud:
250 ml Weiße Kalbsbrühe
150 ml Weißwein
250 g Wurzelwerk
Salz, Pfeffer, 1/4 Lorbeerblatt

Soße:
40 g Butter
30 g Mehl
375 ml Sud
1 EL Zitronensaft
1 Eigelb, mit 5 EL Sahne verquirlt

Kalbsknochen im Suppentopf in 1500 ml kaltem Wasser aufsetzen, zum Kochen bringen, abschäumen und alle übrigen Zutaten (ohne Salz) dazugeben.
Bei schwacher Hitze ohne Deckel 2 Stunden kochen (im Dampfdrucktopf 30 Minuten). Von Zeit zu Zeit Fett abschöpfen. Brühe durch ein feines Sieb gießen. Salzen.
Die Herstellung des Suds erfolgt nach der obigen weißen Kalbsbrühe.
In einem Suppentopf Brühe und Wein erhitzen, das Geschnetzelte hineingeben, zum Kochen bringen und abschäumen. Wurzelwerk und die Gewürze dazugeben, zugedeckt leise siedend in etwa 90 Minuten (Dampfdrucktopf 5 bis 7 Minuten) weichkochen. Das Fleisch herausnehmen und warmstellen, die Brühe abseihen.
Für die Soße aus Butter und Mehl eine helle Einbrenne anschwitzen, nach und nach mit heißem Sud aufgießen, 10 Minuten kochen. Mit Zitronensaft abschmecken, mit Eigelbsahne legieren, nicht mehr kochen lassen. Das Fleisch in die Soße geben und servieren.
Dazu passt Reis.

Allgäuer Schweinshaxen (Kalbshaxen) mit Kartoffelsalat

Zutaten:
4 Stück Schweinshaxen
Kümmel, Majoran, Salz, Pfeffer
30 g Butterschmalz
1 Zwiebel
1 Sellerie
1 Karotte
½ Lauch
3 Knoblauchzehen
500 ml Dunkles Bier, evtl. 250 ml Brühe
3 EL Stärke

Die Schweinshaxen rundum mit Salz, Pfeffer und Majoran würzen und mit Kümmel bestreuen. Anschließend in der Pfanne das Butterschmalz stark erhitzen, den Schweins- oder Kalbshaxen rundum anbraten. Nun den Schweins-/ Kalbshaxen in das Bratkar legen, das vorbereitete Wurzelgemüse und den Knoblauch dazugeben.

Mit dem Bier ablöschen, evtl. noch 250 ml Brühe dazugeben, damit der Haxen schön in der Soße liegt (beim Kalbshaxen noch ein Zweiglein Rosmarin darauflegen).

Im Backofen bei 190 Grad Umluft ca. 70 Minuten braten lassen. Nach der Hälfte der Garzeit den Bräter mit einem Glasdeckel abdecken. Die Haxen dabei öfter drehen.

Ist die Soße zu stark eingekocht, immer wieder etwas Wasser nachgießen.

Am Schluss die Soße abgießen, mit angerührter Stärke leicht eindicken, abschmecken und anrichten.

Käskartoffeln
mit gerösteten Zwiebelringen

Zutaten:

750 g rohe Kartoffeln (festkochend oder vorwiegend festkochend)

2 Zwiebeln
2 EL Mehl
Salz, Curry, Paprika
Frittierfett

50–100 g Emmentaler, gerieben

Kartoffeln schälen, in kleine Würfel schneiden, im siedenden Salzwasser ca. 20 Minuten weichkochen.
Die Zwiebeln mit dem Hobel in sehr feine Ringe hobeln. Anschließend wenig Mehl mit Salz, Curry und wenig Paprika würzen. Die Zwiebelringe mit dem Mehl mischen. Dann in der Fritteuse goldgelb frittieren (nicht warm stellen, ansonsten verlieren sie ihre Knusprigkeit).
Lagenweise mit dem Emmentaler in einer großen, vorgewärmte Schüssel anrichten. Mit Salz und Pfeffer würzen.

Käsemaccaroni
mit gerösteten Zwiebeln

Zutaten:

300–400 g kurze Maccaroni

100–150 g geriebener Käse (Emmentaler/Bergkäse)
30 g Butter
2 Zwiebeln
wenig Mehl
Salz, Curry, Paprika
Frittierfett

Die Maccaroni in siedendem Salzwasser weichkochen.
Die Zwiebeln mit dem Hobel in sehr feine Ringe hobeln. Anschließend wenig Mehl mit Salz, Curry und etwas Paprika würzen. Die Zwiebelringe mit dem Mehl mischen. Anschließend in der Fritteuse goldgelb herausfrittieren (nicht warm stellen, ansonsten verlieren sie ihre Knusprigkeit).
Zum Servieren die Maccaroni lagenweise mit dem geriebenen Käse in einer großen, vorgewärmten Schüssel anrichten. Zwischendurch immer wieder mit Pfeffer würzen.
Zum Schluss mit heißer Butter abschmelzen, mit den gerösteten Zwiebelringen anrichten und mit Schnittlauchröllchen garnieren.
Dazu passen Blattsalate.

Kassler Ripple
mit Kartoffelpüree und Sauerkraut

Zutaten:
4 Stück geräucherte, gekochte Kasseler

Kartoffelpüree:
1 kg mehligkochende Kartoffeln
ca. 250 ml Milch
50 g Butter
Muskat, Salz

Sauerkraut:
1 kl. Dose Sauerkraut
1 EL Öl/ Butter
1 Zwiebel
Kümmel, Lorbeerblatt
1 Brühwürfel

Butter erhitzen, gewürfelte Zwiebel glasigdünsten, Kraut zugeben, mit 125 bis 250 ml Wasser aufgießen, Gewürze zugeben und zum Kochen bringen, Garzeit: ca. 15 Minuten. Kartoffeln waschen, schälen, wie Salzkartoffeln ca. 20 Minuten dämpfen. Mit einer Kartoffelpresse in eine Arbeitsschüssel pressen. Milch erhitzen. Butter zu den gepressten Kartoffeln geben, mit Salz, und Muskat wenig würzen, anschließend die heiße Milch langsam unter Rühren mit dem Handrührgerät zu den Kartoffeln geben. (Vorsicht: Konsistenz im Auge behalten!)
Kassler auf Sauerkraut legen und miterhitzen.
Nach Belieben Kraut mit Mehlteiglein binden oder eine geriebene Kartoffel mitkochen.

Garniervorschlag: Kartoffelpüree in Servierschüssel ein bisschen anhäufen, mit einem Tafelmesser einige Muster eindrücken oder Semmelbrösel in Butter abschmelzen oder Zwiebelringe anbraten und auf den Kartoffelbrei geben.

Katzengschrei

Zutaten:
1 Bund Frühlingszwiebeln
2 EL Butterschmalz
450 g Suppenfleisch (gekocht) oder gekochter Tafelspitz
4 Eier
Salz, Pfeffer
50 g geriebener Bergkäse
wenig Petersilie, gehackt

Frühlingszwiebeln in Röllchen schneiden und im Butterschmalz goldbraun braten. Das gekochte, kalte Rindfleisch in kleinere Stücke schneiden und mitanbraten. Die verquirlten Eier mit etwas Salz, Pfeffer, Petersilie und dem geriebenen Käse vermengen und in die Pfanne über das Fleisch gießen. Die Pfanne bei 300 Grad in den Ofen schieben und die Eiermasse stocken lassen.
Dazu reicht man grünen Salat und Preiselbeeren.

Tipp: Genauso gut kann das Kesselfleisch auch extra in einer Fleischbrühe gekocht werden.

Kesselfleisch mit Kartoffelpüree und Sauerkraut

Zutaten:
1 kg frisch geschlachteter Schweinebauch
(Bei dem Fleisch darf noch keine Totenstarre eingetreten sein, diese tritt bei Schweinefleisch nach 1–2 Tagen ein).

Sauerkraut:
750 g Sauerkraut (1 Dose)
60 g Schweineschmalz
oder besser noch
100 g gewürfelter Speck
1 Zwiebel, gehackt
1 Knoblauchzehe, gehackt
1–2 TL Kümmel
5 Wacholderbeeren
1 Lorbeerblatt
250–500 ml Wasser
1 Fleischbrühewürfel

Schmalz oder Speckwürfel erhitzen, Zwiebel mit Knoblauch und Kümmel andünsten. Das Kraut, Wacholderbeeren und Lorbeerblatt zugeben, unter ständigem Wenden 10 Minuten dünsten.

Den ganzen Schweinebauch auf das Kraut legen, so viel Flüssigkeit oder Brühe aufgießen, dass das Fleisch und Sauerkraut gerade bedeckt sind. Zugedeckt etwa 1 Stunde dünsten; gelegentlich überprüfen, ob genügend Flüssigkeit im Topf ist. Falls das Fleisch nach 1 Stunden noch nicht gar ist, das Ganze so lange kochen, bis auch das Fleisch gar ist.

Zum Servieren das Sauerkraut auf einer Platte anrichten, das Fleisch in Scheiben schneiden und schuppenartig auf das Sauerkraut legen, garnieren.

Das Rezept vom Kartoffelpüree finden Sie auf S. 86.

Dazu passen auch Salzkartoffeln mit Petersilie. Sauerkraut aus der Dose ist in 20 bis 30 Minuten gar.

Krautwickel mit Kartoffelpüree

Zutaten:
- 1 Kopf Weißkraut
- 500 g Hackfleisch
- 1 TL Salz
- Etwas Pfeffer
- 1 Semmel, trocken
- 1 Ei
- 1 Zwiebel, gehackt und glasig gedünstet
- Gehackte Petersilie
- Thymian, Basilikum
- 1 EL Fett
- 250 ml Brühe
- 1–2 EL Tomatenmark
- 1–2 EL Sahne
- Petersilie

Püree:
- 1 kg Kartoffeln (mehlig)
- ca. 1/8 l heiße Milch
- 30 g Butter
- Salz
- Muskat

Zubereitung Krautwickel: 4 bis 6 Krautblätter vom Krautkopf ablösen und 5 Minuten im kochenden Salzwasser leicht weichkochen.
Fleischteig herstellen, in 4 bis 6 Portionen teilen und auf die Blätter geben. Ränder einschlagen, aufrollen, auf die Schnittfläche legen oder mit einer Schnur wie ein Päckchen verpacken.
Fett erhitzen, Krautwickel von der Schnittkantenseite her kräftig anbraten, mit Brühe aufgießen und 30 Minuten zugedeckt schmoren. Soße mit Sahne und Tomatenmark abschmecken. Krautwickel anrichten, mit Petersilie garnieren.
Zubereitung Kartoffelpüree: Kartoffeln schälen, vierteln im Salzwasser ca. 20 Minuten kochen oder im DDT 8 Minuten dämpfen lassen. Anschließend die abgetropften Kartoffeln mit der Kartoffelpresse durchpressen. Milch und Butter dazugeben und mit dem Handrührgerät unterrühren. Mit Salz und Muskatnuss würzen.

Sehr gut zu Krautwickeln passen Bratkartoffeln und Salat.

Allgäuer Krautkrapfen

Zutaten:

Teig:
250 g Mehl
Salz
2 Eier
3–4 EL Wasser, ½ EL Öl

Füllung:
150–200 g durchwachsener, roher Speck, kleingewürfelt
etwas Kümmel
2 Zwiebeln, kleingewürfelt
1 gr. Dose Sauerkraut
etwas flüssige Butter

Abschmelzen:
1 Zwiebel
70 g heiße, flüssige Butter
Schnittlauch

Aus Mehl, Salz, Eiern, Wasser und Öl einen Nudelteig zubereiten und gut durchkneten. In einer warmen Schüssel ca. 15 Minuten ruhen lassen.
Für die Füllung den Speck in kleine Würfel schneiden, ca. 10 Minuten in heißer Butter bräunen, feingeschnittene Zwiebeln zugeben und glasigdünsten.
Trockenes Sauerkraut zugeben und gut vermischen. Mit Kümmel abschmecken.
Den Nudelteig dünn ausrollen, nun die Krautfüllung auf der Teigplatte gleichmäßig verteilen, etwas flüssige Butter darüberträufeln, Kanten einschlagen, gleichmäßig aufrollen und in ca. 5 cm lange Stücke schneiden.
Butter in einer Kasserolle erhitzen, die Krautkrapfen hineinstellen und leicht anbräunen lassen, 500 ml heißes Salzwasser (mäßig Salz oder Fleischbrühewürfel) darübergießen und bei mittlerer Hitze zugedeckt auf dem Herd ca. 30 bis 40 Minuten aufziehen lassen.
Evtl. Zwiebelringe in Butter bei mittlerer Hitze kross braten.
Beim Servieren mit heißer Butter abschmelzen und mit Schnittlauch garnieren.
Oder beidseitig kurz in Butter anbraten.

Allgäuer Krautnudeln

Zutaten:

750 g (1 Dose) Sauerkraut
60 g Schweineschmalz
oder besser noch
100 g gewürfelter Speck
1 Zwiebel, gehackt
1 Knoblauchzehe, gehackt
1–2 TL Kümmel
5 Wacholderbeeren
1 Lorbeerblatt

500 g Schwobespätzle

2 EL Butter
1 Zwiebel, kleingewürfelt
50–100 g Speck, kleingewürfelt

Schmalz oder Speckwürfelchen erhitzen. Zwiebel mit Knoblauch und Kümmel andünsten. Das Kraut, Wacholderbeeren und Lorbeerblatt zugeben, unter ständigem Wenden 10 Minuten dünsten. Mit 250 bis 500 ml Wasser aufgießen.
30 Minuten leise kochen.
Schwobespätzle im kochenden Salzwasser 10 Minuten kochen lassen.

Zwiebel in Butter glasieren, Speck hineingeben und auslassen, Nudeln und gekochtes Sauerkraut dazugeben, gut andünsten und gut wenden, mit Salz abschmecken.
In der Pfanne servieren.
Schmeckt als Hauptgericht oder als Beilage zu Zwiebelrostbraten.

Allgäuer Krautschupfnudeln

Zutaten:
750 g (1 Dose) Sauerkraut
60 g Schweineschmalz
oder besser noch
100 g gewürfelter Speck
1 Zwiebel, gehackt
1 Knoblauchzehe, gehackt
1–2 TL Kümmel
5 Wacholderbeeren
1 Lorbeerblatt

Nudelteig:
400 g Mehl
3 Eier
Salz
6–8 EL Wasser

Schmalz oder Speckwürfelchen erhitzen. Zwiebel mit Knoblauch und Kümmel andünsten. Das Kraut, Wacholderbeeren und Lorbeerblatt zugeben und unter ständigem Wenden 10 Minuten dünsten. Mit 250 bis 500 ml Wasser aufgießen. 30 Minuten leise kochen.

Aus dem Mehl, den Eiern, etwas Wasser und Salz einen weichen Nudelteig herstellen. Diesen auf ein Brett geben und mit dem Messer Schupfnudeln in kochendes Salzwasser schaben. Oder mit der Hand Schupfnudeln schupfen.
Diese ca. 5 Minuten kochen lassen, abgießen und anschließend kalt abbrausen.

Etwas Butter in eine Pfanne geben, die Schupfnudeln zufügen, das Sauerkraut ebenfalls und leicht anrösten und salzen.

Allgäuer Krautspatzen

Zutaten:
750 g (1 Dose) Sauerkraut
60 g Schweineschmalz
oder besser noch
100 g gewürfelter Speck
1 Zwiebel, gehackt
1 Knoblauchzehe, gehackt
1–2 TL Kümmel
5 Wacholderbeeren
1 Loorbeerblatt

Spätzle:
250 g Mehl
1 TL Salz
4 Eier
125 ml Wasser

30 g Butter

Schmalz oder Speckwürfelchen erhitzen. Zwiebel mit Knoblauch und Kümmel andünsten. Das Kraut, Wacholderbeeren und das Lorbeerblatt zugeben, unter ständigem Wenden 10 Minuten dünsten. Mit 250 bis 500 ml Wasser aufgießen, 30 Minuten leise kochen.

Mehl in eine Schüssel sieben, Salz, Eier und Wasser dazugeben, mit einem Kochlöffel zu einen zähflüssigen Teig rühren. Wichtig: Teig soll schwer vom Löffel reißen! Salzwasser zum Kochen bringen. Teig portionsweise mit dem Spätzlehobel ins kochende Salzwasser stoßen. Aufkochen lassen, bis die Spätzle oben schwimmen. Spätzle mit dem Seihlöffel herausholen und mit kaltem Wasser überbrausen.

Butter in einer Pfanne erhitzen, Spätzle darin schwenken, gekochtes Sauerkraut dazugeben, durchmischen, erhitzen und mit Salz und Pfeffer würzen.

Linseneintopf mit Wienerle und Spätzle

Zutaten:

- 375 g Linsen, gewaschen, über Nacht in 1500 ml Wasser eingeweicht
- Salz, 1 Lorbeerblatt
- 1 Knoblauchzehe
- 1 Zwiebel, gehackt
- 1 Bund Suppengrün
- 1–2 EL Essig
- 1 Prise Cayennepfeffer
- 125 g Speck, kleingewürfelt
- 2 EL Fett (Butter)
- 1 EL Mehl
- 4 Paar Wienerle

Spätzleteig:

- 400 g Mehl
- 4 Eier
- 125 ml Wasser
- 1 TL Salz
- 30 g Butter

Linsen im Einweichwasser aufkochen und abschäumen. Salz, Lorbeerblatt, Knoblauch, Zwiebel und kleingeschnittenes Suppengrün zugeben. Zugedeckt 1 Stunde (10 Minuten im Dampfdrucktopf) kochen lassen (langsam kochen). Mit Essig und Cayennepfeffer abschmecken, Lorbeerblatt entfernen. Speckwürfelchen knusprig braten und zu den Linsen geben.

Aus Fett und Mehl eine goldfarbene Einbrenne herstellen (Fett erhitzen, Mehl darunterrühren, so lange erhitzen, bis die Masse goldfarben ist).

Mit den gekochten Linsen aufgießen und gut durchkochen lassen. Wienerle in Stücke schneiden und zum Erhitzen in den Eintopf geben (nicht mehr kochen). Spätzleteig herstellen, sodass er schwerreißend vom Löffel fällt; ins kochende Salzwasser hobeln, aufkochen lassen, mit einem Schaumlöffel die Spätzle rausnehmen, abtropfen lassen und in heißer Butter schwenken.

Zum Linseneintopf mit Wienerle werden dann Spätzle gegessen.

Panierte Schweineschnitzel
mit Bratkartoffeln

Zutaten:

4 Kalbs- oder Schweineschnitzel, je 150 g

Salz, Pfeffer
4 EL Mehl
2 Eier
6 EL Semmelbrösel
60 g Butterschmalz
1 Zitrone

ca. 400 g festkochende Kartoffeln
1 Zwiebel
30 g Butterschmalz

Schnitzel klopfen, mit Salz und Pfeffer würzen. In Mehl wenden, überschüssiges Mehl abschütteln, durch die verquirlten Eier ziehen, in Semmelbrösel panieren, Panade andrücken. In einer Pfanne das Fett erhitzen, die Schnitzel bei guter, jedoch nicht zu starker Hitze auf beiden Seiten je ca. 7 Minuten goldgelb braten. Mit Zitronenvierteln und Petersilie anrichten. Auch Preiselbeeren passen gut dazu.

Bratkartoffeln: Kartoffeln mit Schale dämpfen, abdampfen lassen, schälen und in dünne Scheiben schneiden; Butterschmalz in einer Pfanne erhitzen, gewürfelte Zwiebeln glasigdünsten, Kartoffeln zugeben, wenden und braten, bis eine goldbraune Kruste entsteht, salzen.

Außerdem passen dazu Kartoffelsalat, Pommes, Petersilienkartoffeln, Bratkartoffeln und Salate.

Rinderrouladen mit Semmelknödeln

Zutaten:
4 Scheiben Rindfleisch für Rouladen
Salz, Pfeffer, Senf

Füllung:
4 Scheiben Wammerl
1 Zwiebel
2 Gewürzgurken
Petersilie
3 EL Öl
1 Zwiebel
1 Karotte
1 Sellerie
1 Tomate

Zum Binden der Soße:
1 EL Mehl
2 EL Wasser

Die Fleischscheiben würzen und mit Senf bestreichen.
Das Fleisch mit dem Wammerl belegen, Zwiebel und Gurke kleinschneiden, gleichmäßig darauf verteilen.
Rouladen seitlich einschlagen und aufrollen, dann zustecken oder -binden.
Das Öl sehr heiß werden lassen, Rouladen gut anschmoren, grob gewürfeltes Wurzelwerk dazugeben; 250 ml heißes Wasser aufgießen.

Garzeit: 25 bis 30 Minuten im Dampfdrucktopf (DDT), im normalen Topf bei mittlerer Hitze ca. 90 bis 120 Minuten schmoren.

Die Soße durchseihen, mit angerührtem Mehl binden und abschmecken.

Das Rezept für die Semmelknödel finden Sie auf Seit 154.

> **Tipp:**
> Am Vortrag den Sauerbraten fertig garen und abkühlen lassen. Mit der Brotmaschine schöne Scheiben, ca. 0,7 cm dick, schneiden. Soße erwärmen, Scheiben in die Soße legen und miterwärmen. Das ergibt wunderschöne Bratenscheiben.

Sauerbraten

Zutaten:
1 kg Rinderfleisch (Bug, Keule)

Beize:
750 ml Wasser, 250 ml Essig
1 Karotte, halbiert
1 Stückchen Sellerie
1 Zwiebel, mit 2 Gewürznelken gespickt, 3 TL Salz
½ TL Pfefferkörner, 1 Lorbeerblatt, 4 Wacholderbeeren

Zum Braten:
4 EL Butterschmalz
250–500 ml Beize
50 g fetter Speck

Soße:
1 EL Butterschmalz
3 TL Zucker, 2 EL Mehl
2 EL Rotwein
4 EL Preiselbeerkompott

Birnen, Preiselbeeren

Aus den angegebenen Zutaten die Beize herstellen, das Fleisch einlegen; es muss vollkommen mit Beize bedeckt sein. Zugedeckt einige Tage kalt stellen und gelegentlich wenden. Ofen auf 170 Grad Umluft vorheizen.
Fleisch aus der Beize nehmen und abtrocknen. Auf dem Herd Butterschmalz im Bräter erhitzen, Fleisch von allen Seiten scharf anbraten. Mit 250 ml Beize ablöschen. Wurzelwerk, Zwiebel und Trockengewürze aus der Beize dazugeben. Das Fleisch mit Speckscheiben belegen, den Deckel auflegen, in den Ofen schieben. Etwa 3 Stunden braten (im Dampfdrucktopf 30 bis 35 Minuten), nach halber Garzeit das Fleisch wenden, bei Bedarf weitere Beize aufgießen. Fleisch herausnehmen und zugedeckt ruhen lassen.
In einem Topf Butterschmalz mit Zucker erhitzen und unter Rühren hellbraun karamellisieren, mit Mehl bestäuben, hellbraun rösten, nach und nach mit 250 ml Beize, Rotwein und Bratensaft aufgießen, 15 Minuten kochen, die Soße abseihen. Mit Preiselbeerkompott abschmecken.
Fleisch quer zur Faser in 5 mm dicke Scheiben schneiden, auf einer vorgewärmten Platte anrichten. Mit einigen Esslöffeln Soße übergießen, die restliche Soße dazu servieren. Das Fleisch mit einer heißen Birnenhälfte und Preiselbeeren garnieren. Das Rezept für die Serviettenknödel und Spätzle finden sie auf S. 154 und 156.

Saure Kartoffeln

Zutaten:

800 g gekochte, geschälte Kartoffeln

1 Zwiebel
30 g Butter
40 g Mehl
500 ml Fleischbrühe (Würfel)
Salz, Pfeffer
2 EL Essig

4 Essiggurken
500 g Lyonerwurst (oder Cervalatwurst)

Kartoffeln am Vortag mit Schale weichkochen.
Zwiebeln kleinwürfeln und in der Butter glasigdünsten; Mehl dazugeben, gut umrühren, andünsten; mit Fleischbrühe aufgießen, würzen und zum Kochen bringen, mindestens 1 Minute kochen lassen.
Die am Vortag gekochten Kartoffeln schälen, in Scheiben schneiden sowie die Essiggurken und die Lyoner kleinschneiden. Alles zu der sauren Einbrenne geben und nochmals leicht erhitzen.

Dazu passen Blattsalate.

Saure Kutteln

Zutaten:

750 g (gekochte/vom Metzger gereinigte) fein in Streifen geschnittene Kutteln
70 g Butterschmalz
80 g Mehl
1 Zwiebel, gewürfelt
evtl. 1 Knoblauchzehe
250 ml Bratensoße
750 ml Fleischbrühe
125 ml Essig
300 ml Rotwein
Salz, Pfeffer, Lorbeerblatt, Wacholderbeeren, Kümmel
evtl. 1 TL Zucker

Eine braune Einbrenne aus Butter und Mehl herstellen, dazu das Butterschmalz schmelzen, aber nicht stark erhitzen, sie darf nicht verbrennen! Mehl zugeben, langsam bei nicht zu hoher Temperatur dunkel bräunen (länger rösten lassen bis das Mehl leicht braun wird, aber nicht zu dunkel, da es sonst bitter wird und das Mehl verbrennt). Die Zwiebel zugeben.
Dann mit Bratensoße, Fleischbrühe und Essig aufgießen und glattrühren.
Unter Rühren zum Kochen bringen.
Die Kutteln und Gewürze dazugeben, und ca. 25 bis 35 Minuten köcheln lassen.
Vor dem Servieren den Rotwein zugießen, aufkochen lassen und abschmecken.

Dazu passen Semmelknödel, Bratkartoffeln oder Brezenknödel.

Schweinefilet im Allgäuer Schinkenmantel mit Gartengemüse

Zutaten:

1 Hühnerbrustfilet oder Putenschnitzel (ca. 180 g)
700 g Schweinefilet
180 g Sahne
Salz, Pfeffer, Muskat, etwas Weinbrand
1 Schweinenetz vom Metzger
12 Scheiben roher Schinken
etwas Butterschmalz
250 ml dunkle Bratensoße, s. S. 71

1 Zucchini
1 Karotte
¼ Sellerie
3 EL Öl
etwas Weißwein

Das Putenschnitzel oder das Hühnerbrustfilet mit der Sahne im Mixer pürieren und mit den Gewürzen abschmecken.
Das Schweinenetz ausbreiten und darauf den Schinken viereckig auslegen, das zerkleinerte Hühnerbrustfilet daraufstreichen.
Das gewürzte Schweinefilet darauflegen, mit dem Schweinenetz einrollen.
Dann im Butterschmalz anbraten und im vorgeheizten Ofen ca. 25 Minuten bei 150 Grad Umluft backen. Bratensoße aufkochen lassen.
Zucchini, Karotte und Sellerie in kleine Würfel schneiden. Im Olivenöl anbraten, mit wenig Weißwein aufgießen und weichdünsten lassen.
Zum Anrichten das Schweinefilet in schräge Scheiben schneiden, wenig Soße auf einer Platte drapieren, das Gemüse daraufgeben und das Schweinefilet darauf anrichten.
Dazu passen am besten Kartoffelpüree oder Kartoffelgratin.

Schweinefilet mit Brätfüllung in Blätterteig

Zutaten:
700 g Schweinefilet (1 Stk.)
30 g Butterschmalz
Salz, Pfeffer

400 g Blätterteig (Kühlregal)
250 g Brät
4 EL Sahne
1 EL Weinbrand
1 Eigelb, mit ½ EL Sahne verrührt

300 ml Kalbsbrühe oder dunkle Bratensauce, s. S. 71
Salz, Pfeffer
1 Glas Champignons
2 EL Stärke
2 EL Sahne

Schweinefilet in heißem Butterschmalz rundum schön anbraten, würzen und abkühlen lassen.
Brät mit Sahne und Weinbrand verrühren.
Blätterteig ausrollen, Brätmasse daraufstreichen, das Schweinefilet in die Mitte legen, Teigränder mit Eigelb und Sahne bestreichen, das Schweinefilet in den Teig einpacken. Schweinefilet mit Schnittkante nach unten auf ein Backblech legen. Mit kaltem Wasser das Backblech bespritzen. Mit Eigelb und Sahne bestreichen und mit einer Gabel mehrmals einstechen.
Bei 190 Grad Umluft ca. 30 Minuten im Ofen backen.
Bratensatz in der Pfanne mit Kalbsbrühe aufkochen und leicht mit Stärke binden. Mit Salz und Pfeffer würzen und mit Sahne verfeinern. Die Champignons in der Soße erhitzen.

Tipp:
Am Vortrag den Krustenbraten fertig garen lassen und abkühlen. Mit der Brotmaschine schöne Scheiben, ca. 0,7 cm dick, schneiden. Die Soße erwärmen, Scheiben hineinlegen und miterwärmen. Das ergibt wunderschöne Krustenbratenscheiben.

Schweine-Krustenbraten

Zutaten:

1000–1250 g Schweine-krustenbraten
1 EL Butterschmalz
1 Zwiebel
1 Knoblauchzehe
1 Karotte
½ Sellerie
2 EL Tomatenmark
750 ml Bier
Salz, Pfeffer, Paprika oder Grillgewürz
3–4 EL Stärke

Die Schweineschwarte kreuzartig einschneiden, sodass kleine Würfel entstehen. Die Schweineschwarte stark salzen.
Den von allen Seiten mit Pfeffer, Paprika und Salz gewürzten Schweinekrustenbraten in einem Bräter im heißen Butterschmalz mit der Kruste zuerst kräftig anbraten. Anschließend von allen Seiten schön anbraten.
Wurzelwerk (Sellerie, Karotte, Zwiebel, Knoblauch) grob zerkleinern, hinzufügen, Tomatenmark dazugeben, mit Bier und 250 ml heißem Wasser ablöschen (Schwarte zeigt nach oben) und den Braten im Ofen bei 190 Grad Umluft ca. 105 Minuten garen (nach 45 Minuten mit Glasdeckel zudecken). Die Schwarte immer wieder mit Bier übergießen, damit der Braten schön knusprig wird.
Die Soße abgießen, Wurzelwerk entfernen, Soße mit angerührter Stärke leicht eindicken und abschmecken. Den Braten zurück in das Bratkar geben.
Den Ofen auf Grillstufe stellen und die Kruste »poppen« lassen. Den Braten immer im Auge behalten, damit die Kruste nicht verbrennt – das dauert maximal 2 Minuten und ergibt eine tolle Kruste. Den Krustenbraten quer zur Faser aufschneiden.

Dazu passen sehr gut Kartoffelknödel, Semmelknödel, Kartoffelpüree und Bohnen.

Das Rezept für Kartoffelsalat finden Sie auf S. 150.

Schweinelendchen an Rahmsoße

Zutaten:
1 Schweinelende
Salz, Pfeffer
30 g Butterschmalz
1 Karotte
1 Zwiebel
500 ml dunkle Bratensauce, s. S. 71
2 EL Sahne

Schweinelende gut würzen; im heißen Butterschmalz von allen Seiten scharf anbraten, grob zerkleinerte Karotten und Zwiebel dazugeben; mit dunkler Bratensoße ablöschen.
Alles miteinander in ein Bratkar geben und bei 70 Grad im Backofen 35 bis 40 Minuten garen lassen.

Die Karotte und die Zwiebel herausnehmen und dieSoße mit Sahne verfeinern, anschließend servieren.

Tipp

Den Braten einen Tag vorher herstellen, am nächsten Tag kalt aufschneiden und in der Soße langsam erwärmen (Das ergibt wunderschöne, nicht auseinanderfallende Fleischscheiben).

Schweinerollbraten
gefüllt mit Filet

Zutaten:

1500 g magerer Schweinebauch mit Schwarte
1 Schweinefilet
125 g Brät
½ TL Kümmel, gemahlen
1 gehäufter TL Paprikapulver
Knoblauch, Pfeffer, Salz
1 Wacholderbeere, zerrieben
30 g Butterschmalz
250–500 ml Fleischbrühe
125 ml dunkles Bier
evtl. 3 EL Stärke

Die Schwarte des Fleisches mit einem scharfen Messer in Karos schneiden. Die Innenseite des Fleisches sowie das Schweinefilet mit Gewürzen bestreuen und mit Brät bestreichen. Filet auf den bestrichenen Schweinebauch legen und aufrollen. Die aneinanderstoßenden Enden mit Fäden zunähen oder mit Holzstäbchen feststecken. Backofen auf 220 Grad vorheizen. Fett in Bräter auf dem Herd erhitzen, Fleisch einlegen und kräftig anbraten lassen, 250 ml heiße Brühe hineingeben und anschließend ca. 70 bis 80 Minuten bei 180 Grad Umluft im Ofen garen. Evtl. Brühe nachgießen. Nach der halben Bratzeit fängt der Braten an zu bräunen, dabei öfters begießen (evtl. mit Glasdeckel abdecken) und kurz vor Ende der Bratzeit mit Bier begießen (Die so entstandene Soße schmeckt am besten un- oder klar gebunden.).
Soße mit den Gewürzen, die für das Fleisch verwendet wurden, nachwürzen.
Das Fleisch in dicke Scheiben schneiden und mit Semmelknödeln und Kraut servieren.

Tipp: Am Vortrag den Tafelspitz fertig garen und abkühlen lassen. Mit der Brotmaschine schöne Scheiben auf Stufe 10 bis 12 schneiden. Die Tafelspitzbrühe nochmals erwärmen, Scheiben in die Brühe legen und miterwärmen. Das ergibt wunderschöne Tafelspitzscheiben.

Tafelspitz (Siedfleisch)

Zutaten:
500 g Rinderknochen
750 g Rindfleisch am Stück

1 ½ TL Salz, 1 Lorbeerblatt
1 Bund Wurzelwerk
(Zwiebel, Lauch, Gelbe
Rüben, Petersilie, Sellerie)

Meerrettichsahne:
300 g Meerrettich (Glas)
100 ml Sahne
Salz, Pfeffer, Zucker

Meerrettichsoße:
300 g Meerrettich (Glas)
30 g Butter, 30 g Mehl
500 ml Milch, Salz,
1 Prise Zucker, Muskat

Knochen mit Wurzelwerk und Lorbeerblatt in einem Suppentopf mit 1500 ml kaltem Wasser aufsetzen, zum Kochen bringen und abschäumen. Das Fleisch in die kochende Brühe einlegen, Salz zugeben, wieder zum Kochen bringen und nochmals abschäumen. Das Fleisch soll vollkommen mit Wasser bedeckt sein.
Topf zudecken, Hitze reduzieren, sodass das Fleisch gerade am Siedepunkt gart.
Garzeit: 2 ½ bis 3 Stunden (Dampfdrucktopf 35 bis 45 Minuten). Das Fleisch aus der Brühe nehmen und 10 Minuten ruhen lassen. Quer zur Faser in fingerdicke Scheiben schneiden.

Meerrettichsahne: Sahne steif schlagen, Meerrettich darunterrühren, würzen. Beim Servieren einige Löffel heiße Brühe über die Fleischscheiben geben und Meerrettichsahne extra servieren.
Meerrettichsoße: Aus Butter und Mehl mit dem Schneebesen eine helle Einbrenne anrühren, Meerrettich zugeben, mit der Milch aufgießen, mit Salz, Zucker und Muskat würzen. Unter häufigem Umrühren ca. 15 Minuten kochen lassen. Beim Servieren die Meerrettichsoße über das Fleischscheiben drapieren.

Beilagen: Bratkartoffeln und Butterbohnen.

Überbackene Pfifferlingsschnitzel

Zutaten:
4 Kalbs- oder Schweine-
schnitzel
2 EL Butterschmalz

Pfifferlingsmasse:
1 Zwiebel
1 EL Butter
200 g frische Pfifferlinge
(evtl. auch aus dem Glas)
Salz, Pfeffer
1 EL gehackte Petersilie
Scheiblettenkäse

250 ml Wein/Wasser
evtl. 1 EL Stärke
evtl. 2 EL Sahne

Schnitzel würzen, auf jeder Seite 5 Minuten anbraten, Soße herstellen, indem der Bratenansatz mit Wein/Wasser aufgegossen wird, kochen lassen und dann mit Mehlteiglein binden, evtl. noch mit Sahne abschmecken und würzen.
Fleisch in der Soße ca. 20 Minuten köcheln lassen, bis es weich ist.
Zwiebeln fein würfeln, Butter zerlassen, Zwiebeln andünsten, Pilze putzen, waschen, dazugeben und mit Salz und Pfeffer ca. 15 bis 20 Minuten dünsten, zuletzt Petersilie dazugeben.
Dann neben dem Servieren jeweils 1 Esslöffel Pfifferlingsmasse auf die Schnitzel geben, Scheiblettenkäse darüber und 30 Sekunden bei 250 Grad Umluft im Ofen überbacken.
Mit Petersilie garnieren und mit Soße servieren.
Beilagen: Rösti, Bohnengemüse, Nudeln und Salate

Allgäuer Zwiebelfleisch

Zutaten:
600 g gekochter Tafelspitz (siehe Tafelspitz Seite 118)
60 g Butterschmalz
Salz, Pfeffer
4 große Zwiebeln, in Ringe geschnitten
250 g Sahne
50 g geriebener Käse
Butter für die Form/Platte

Dunkle Bratensoße:
500 g Kalbsknochen
10 g Butterschmalz
60 g Wurzelgemüse (Lauch, Karotte, Sellerie, Zwiebel)
½ Knoblauchzehe,
1 kleiner Zweig Thymian
1 kleiner Zweig Rosmarin
1 EL Tomatenmark
125 ml Weißwein
1 EL Stärke, Salz

Tafelspitz kochen wie im Rezept Tafelspitz beschrieben, im Sud erkalten lassen. Das Fleisch mit der Brotmaschine auf Stufe 10 in dünne Scheiben schneiden. Auflaufform mit Butter ausstreichen, Fleischscheiben schuppenartig hineinlegen, salzen und pfeffern. Ofen auf 200 Grad vorheizen.
In einer Pfanne das Butterschmalz erhitzen, Zwiebelringe glasig dünsten, über das Fleisch verteilen. Sahne mit dem Käse vermischen und darübergießen.
Im Ofen 20 bis 30 Minuten bei 200 Grad überbacken.
Dunkle Bratensoße: Knochen in viel kaltem Wasser zum Kochen bringen, 3 Minuten blanchieren, abgießen. Butterschmalz im Bräter erhitzen, Knochen anbraten, kleingeschnittenes Wurzelwerk zugeben, Gewürze ebenfalls. Den Bräter in den 230 Grad (Umluft) heißen Ofen geben, weiterhin 10 Minuten anrösten lassen. Tomatenmark zugeben, mit Wein aufgießen und verdampfen lassen, damit sich brauner Fond bildet. Mit 750 ml heißem Wasser aufgießen. Anschließend 3 ½ Stunden im Ofen bei 130 Grad Umluft langsam einkochen lassen. Abgießen, mit angerührter Stärke binden und mit Salz würzen.
Servieren: Zwiebelfleisch mit Bratensoße und Salzkartoffeln
Beilage: Salzkartoffeln mit Schnittlauch bestreut

Allgäuer Zwiebelrostbraten

Zutaten:
4 Rumpsteaks à 300 g oder
Rinderfilet ca. 1 kg
Salz, Pfeffer, Mehl
etwas Butterschmalz
1 Zwiebeln
100 ml Rotwein
350 ml Bratenfond
1 EL Stärke

Röstzwiebeln:
4 Zwiebeln
Salz, Paprikagewürz
Mehl zum Wenden
Frittierfett

Das Rinderfilet in ca. 3 cm dicke Scheiben schneiden, pfeffern, salzen und in Mehl wenden. Im hocherhitzten Butterschmalz Rumpsteaks von jeder Seite 3 Minuten bzw. Rinderfiletscheiben von jeder Seite 1 Minute scharf anbraten. Dann Fleisch in Alufolie wickeln und im 100 Grad vorgeheizten Ofen ca. 45 Minuten ruhen lassen. Für die Soße eine gewürfelte Zwiebel im Bratensatz der Pfanne glasig dünsten, mit Bratenfond und Rotwein aufgießen, kochen lassen und abseihen. Mit angerührter Stärke zu einer klaren Soße dicklich binden.

Zwiebeln schälen und in feine Ringe hobeln. Mehl mit Salz und Paprika etwas würzen (nicht zu viel Paprika, da das Gewürz beim Frittieren bitter wird). Zwiebelringe in dem gewürzten Mehl wenden, in heißes Frittierfett geben und goldgelb herausfrittieren.

Auf vorgewärmten Tellern das Fleisch anrichten, Soße darüberdrapieren und viel Röstzwiebel darübergeben.

Dazu passen super Krautkrapfen (Rezept siehe S. 89).

Außerdem schmecken auch sehr gut dazu: Spätzle, Kässpatzen oder Krautnudeln als Beilage und ein Salat

A Beilag und a Gmüs

Allgäuer Käseknödel

Zutaten:

10 trockene Semmel, feinblättrig geschnitten (oder Knödelbrot)
Salz
375 ml lauwarme Milch
2 Zwiebeln, fein gewiegt
1 Bund Petersilie, gehackt
30 g Butter
4 Eier
1 EL Mehl
500 g geriebener Emmentaler (nicht mit Röstihobel, sondern mit der feinen Raspel)

Die Semmeln salzen, mit der Milch anfeuchten, zugedeckt 30 Minuten einziehen lassen, Zwiebel und Petersilie in heißer Butter andünsten, zu den Semmeln geben. Eier und Mehl zugeben und mit der Hand zu einem geschmeidigen Teig verarbeiten. Zum Schluss noch den Emmentaler unterarbeiten. Nochmal 20 Minuten ruhen lassen.
Mit nassen Händen gleichmäßig große Knödel formen. In kochendes Salzwasser einlegen, ankochen, Hitze reduzieren. Knapp am Siedepunkt, bei halboffenem Deckel 20 Minuten garen. Knödel mit Schaumlöffel herausnehmen und sofort servieren.
Servieren: Allgäuer Käseknödel mit heißer Butter übergießen und mit Schnittlauch bestreuen.

Dazu passen Pilze an Rahmsoße und Soßengerichten oder Sauerkraut.
Die Knödel eignen sich auch als Beilage zu Braten und Gulasch.

Knusprige Ofenkartoffeln

Zutaten:
750 g vorwiegend festkochende Kartoffeln

30 g flüssige Butter
Salz, Pfeffer,
etwas Paprikagewürz
evtl. etwas Kümmel

Die Kartoffeln schälen und halbieren; die Gewürze in die flüssige Butter rühren. Die Kartoffelhälften auf ein gefettetes Backblech geben, mit der gewürzten Butter bestreichen, evtl. mit ein bisschen Kümmel bestreuen. Dann im vorgeheizten Ofen bei 180 Grad Umluft ca. 30 bis 45 Minuten goldgelb backen lassen.
Kartoffeln dabei nicht übereinander legen.

Dies ist eine sehr gute Beilage zu allen Fleischgerichten, oder auch als Hauptgericht mit Salaten.

Bayrisches Kraut

Zutaten:
1 Weißkrautkopf
2 Zwiebeln, in kleine Würfel geschnitten
etwas Butterschmalz
3 EL in Würfel geschnittenes, geräuchertes Wammerl
1 EL Zucker
1 EL Kümmel ganz
2 EL Essig, Salz, Pfeffer

Beim Weißkraut die äußeren Blätter und den Strunk entfernen und in große Würfel schneiden.
In einem Topf das Wammerl und die Zwiebeln im Butterschmalz anschwitzen und den Zucker hinzufügen.
Das Kraut dazugeben. Mit etwas Wasser und Essig ablöschen.
Mit Kümmel, Salz und Pfeffer würzen.
10 Minuten im geschlossenen Topf dünsten lassen, anschließend den Deckel öffnen und weitere 20 Minuten dünsten.
Das Kraut sollte noch Biss haben.

Bohnengemüse

Zutaten:
750 g zarte Brechbohnen

40 g Butter
100 g Speck, gewürfelt
1 Zwiebel, gewürfelt
Salz, Pfeffer
Bohnenkraut, gehackt

Bohnen waschen, putzen und eventuell in der Mitte schräg durchschneiden. Butter zerlassen, die Zwiebel glasigdünsten, den gewürfelten Speck auslassen und dann die Bohnen zugeben. Mit ca. 250 ml Wasser ablöschen, würzen und das Bohnenkraut hinzufügen.
Zugedeckt ca. 20 Minuten weichdünsten.

Das Gemüse passt zu allen Fleischgerichten.

Bratkartoffeln

Zutaten:
ca. 400 g festkochende Kartoffeln
1 Zwiebeln
30 g Butterschmalz

Die Kartoffeln mit Schale dämpfen, abdampfen lassen, schälen und in dünne Scheiben. Am besten sollten die Kartoffeln bereits am Vortag gekocht und abgekühlt werden.

Butterschmalz in einer Pfanne erhitzen, Zwiebeln glasigdünsten, Kartoffeln zugeben und bei mittlerer Hitze braten, bis eine goldbraune Kruste entsteht. Dann wenden und salzen.

Rösti (Röstkartoffeln)

Zutaten:
ca. 400 g festkochende Kartoffeln

reichlich Butterschmalz
Salz

Kartoffeln mit Schale ca. 20 Minuten dämpfen, abdampfen lassen, schälen und über Nacht abkühlen lassen. Mit einer Röstireibe grob reiben.
Butterschmalz in einer Pfanne erhitzen, Kartoffeln zugeben, salzen und bei mittlerer Hitze braten, bis eine goldbraune Kruste entsteht. Wenden und mit Hilfe eines Pfannenwenders zu einem Fladen zusammendrücken.
Zudecken und auf kleinster Stufe ca. 10 Minuten anbraten.
Nochmal umdrehen, Butter in die Pfanne geben und auch die andere Seite anbraten.

Kartoffelknödel

Zutaten:
750 g mehligkochende Kartoffeln, frisch gekocht
120 g Mehl
(oder etwas mehr, je nach Beschaffenheit)
Salz
2 Eier, verquirlt

Heiße Kartoffeln schälen, durchpressen, ausgebreitet auskühlen lassen. Mehl und Salz darüberstreuen, leicht durchmischen und dann Eier daruntermischen.
Mit den Händen rasch zu einem Teig zusammendrücken.
(Den Kartoffelteig sofort weiterverarbeiten, da er bei längerem Ruhen leicht feucht wird.)
Gleichmäßig große Knödel formen. Knödel in kochendes Salzwasser einlegen, ankochen, Hitze reduzieren. Knapp am Siedepunkt bei halboffenem Deckel 20 Minuten garen. Knödel mit Schaumlöffel herausnehmen und sofort servieren.

Die Knödel passsen gut als Beilage zu Rinderbraten und Rinderrouladen.

Zum Servieren heiße Butter über die Knödel geben.

Kartoffelschupfnudeln

Zutaten:
500 g Kartoffeln (mehligkochend oder vorwiegend festkochend)

2 Eigelb
100 g Mehl
nach Belieben Salz, Muskat
30 g Butterschmalz

Kartoffeln am Vortag garen, über Nacht abkühlen lassen, schälen und durch die Kartoffelpresse drücken.

Eigelb, Mehl und Gewürze zu den Kartoffeln geben und einen Teig herstellen. Schupfnudeln mit bemehlten Händen formen. Butterschmalz in einer Pfanne erhitzen und die Schupfnudeln darin langsam goldbraun ausbraten.

Rüble-Erbsle-Gemüse

Zutaten:
600 g Karotten
300 g Erbsen, frisch
1 Zwiebel
1 EL Butter

Salz, Pfeffer, Brühwürfel
etwas Petersilie

Karotten schälen und in grobe Würfel schneiden.
Zwiebel in sehr kleine Würfel schneiden.
Butter schmelzen, Zwiebel glasig andünsten, Karottenwürfel und Erbsen zugeben und kurz weiterdünsten.
Wasser, Gewürze und wenig Brühwürfel zugeben.
Das Gemüse ca. 10 bis 15 Minuten bei mittlerer Hitze dünsten, bis es gar ist, wenn nötig, Wasser zugeben.
Abschmecken und mit feingehackter Petersilie bestreuen.

Blumenkohl-salat, gekocht

Zutaten:
1 großer Blumenkohl
Salz
Saft von 1 Zitrone

Marinade:
4 EL Essig
¼ TL Salz
¼ TL Zucker
1 Prise Pfeffer
4 EL Öl

Blumenkohl putzen, in Röschen teilen, waschen, in reichlich kochendes Wasser mit Salz und Zitronensaft geben, in etwa 15 Minuten kernig weich kochen.
Blumenkohl mit dem Schaumlöffel herausnehmen.
Mit Marinade, der man einige Esslöffel Blumenkohlsud zugibt, vermischen und erkalten lassen. (Man kann ihn jedoch genauso gut warm servieren – das schmeckt sogar noch besser.)
Mit Petersilie bestreuen.

Bohnensalat, gekocht

Zutaten:
750 g grüne Bohnen

Marinade:
1 Zwiebel, feingehackt
75 g durchwachsener Speck
125 ml Brühe
(Sud, in dem die Bohnen gedämpft wurden)
Salz, Pfeffer
1 Prise Zucker
6 EL Essig
4 EL Öl
1 TL Bohnenkraut

Bohnen waschen, putzen (jeweils Ende abschneiden), schneiden, dämpfen (in wenig Kochwasser). Bei langen Bohnen in etwa 4 cm lange Stücke schneiden. Bohnen sollten so gegart werden, dass sie noch Biss haben (al dente).

Das Öl erhitzen, den in kleine Würfel geschnittenen Speck darin auslassen.
Salat noch warm mit heißer Marinade ohne Öl anmachen, damit sie gut einzieht, dann erst mit Öl mischen.
Gemüsesud mitverwenden – Vitamine!
Gegarte Salate längere Zeit durchziehen lassen.

Gekochter Karottensalat

Karotten waschen, schälen, in wenig Kochwasser ca. 15 bis 20 Minuten dämpfen, in Scheiben schneiden. Die Karotten sollten leicht bissfest (al dente) gegart werden. Salat noch warm mit heißer Marinade ohne Öl anmachen, damit sie gut einzieht, dann erst mit Öl mischen. Gemüsesud verwenden – Vitamine! Gegarte Salate längere Zeit durchziehen lassen.

Zutaten:
750 g Karotten
Salz, Pfeffer
6 EL Essig
4 EL Öl
1 TL Zucker

Marinade:
1 Zwiebel, feingehackt
125 ml Brühe (Kochsud, in dem die Karotten gedämpft wurden)

Gekochter Weißkrautsalat

Zutaten:
500 g Weißkraut

Marinade:
1 Zwiebel, feingehackt
125 ml Brühe (Kochsud, in dem das Kraut blanchiert wurde)
Salz, Pfeffer
1 Prise Zucker
6 EL Öl
4 EL Essig
etwas Kümmel
angebräunte Speckwürfelchen

Weißkraut vierteln, waschen, hobeln oder dünn schneiden, in wenig Wasser 10 Minuten blanchieren, das Weißkraut sollte leicht bissfest (al dente) gegart werden. Salat noch warm mit heißer Marinade ohne Öl anmachen, damit die Marinade gut einzieht, dann erst mit Öl mischen.
Gemüsesud verwenden – Vitamine!
Gegarte Salate längere Zeit durchziehen lassen.

Kartoffelsalat

Kartoffeln waschen, ca. 20 bis 25 Minuten dämpfen, schälen und in Scheiben schneiden.

Salat noch warm mit heißer Marinade ohne Öl anmachen, damit sie gut einzieht, dann erst mit Öl mischen. Gegarte Salate längere Zeit durchziehen lassen.

Zutaten:
1 kg festkochende Kartoffeln
125 ml Brühe (Brühwürfel mit heißem Wasser aufgelöst)
Salz, Pfeffer

Marinade:
1 Zwiebel, fein gehackt
6 EL Essig
4 EL Öl
1 TL Senf

Rettichsalat

Zutaten:
2 Rettiche, fein geraspelt
1 Zwiebel, gehackt

Marinade:
2 EL Essig
¼ TL Salz
¼ TL Zucker
1 Prise Pfeffer
4 EL Öl oder noch besser geschlagene Sahne

Die Rettiche schälen, entweder ganz fein raspeln oder durch den Röstihobel raspeln. Rettiche und Zwiebel mit Salatmarinade vermischen.

Verwendung als Beilagensalat oder als Vorspeise mit Brot

Roher Weißkrautsalat mit Speck

Zutaten:
¼ Kopf Weißkraut
½ TL Salz

Marinade:
2–3 EL Essig
2 EL heißes Wasser
2 EL Öl
½ TL Zucker
etwas Pfeffer
½ TL Kümmel
50 g Speckwürfel,
ausgelassen im Öl

Weißkraut hobeln, und mit Salz kräftig einstampfen.
Salat mit Marinade anmachen und nochmals abschmecken.

Rote-Beete-Salat, gekocht

Zutaten:
1 kg Rote Beete
(Rote Rüben)
½ TL Kümmel, ganz

Marinade:
6 EL Essig
3 EL Wasser
½ TL Salz, Pfeffer
1 TL Zucker
wenig gemahlener
Kümmel
2 EL Öl
Je nach Geschmack
Zwiebelringe oder
gewürfelte Zwiebel
zum Garnieren

Blätter und Wurzeln so abschneiden, dass die Knollen nicht verletzt werden. Die Knollen waschen, in einem Topf mit Siebeinsatz 45 bis 60 Minuten weichdämpfen. Mit kaltem Wasser überbrausen, schälen, in nicht zu dünne Scheiben schneiden oder hobeln. Kümmel darüberstreuen.
Für die Marinade alle Zutaten bis auf das Öl verrühren, über die noch warme Rote Beete gießen, gut durchmischen und erkalten lassen. Salat vor dem Servieren eventuell nachwürzen und mit Öl anmachen.
In Schüssel anrichten. Eventuell mit Zwiebelringen oder gewürfelten Zwiebel und mit Petersilie garnieren.

Tipp:

Die Rote Beete kann man entweder in dünne Scheiben schneiden oder durch den Röstihobel raspeln. Der Salat kann schon gut am Vortag zubereitet werden. Zugedeckt hält er einige Tage.

Brezen-/Semmel-/Serviettenknödel

Zutaten:
6–8 alte Semmel
1 TL Salz
250 ml warme Milch
1 EL Butter
1 Zwiebel
½ Bund Petersilie
2–3 Eier

Brezenknödel:
400 g Laugenbrezeln (altbacken)
ca. 125–250 ml warme Milch
4 Eier
Salz, Pfeffer, Muskat, Petersilie

Alte Semmeln in dünne Scheiben schneiden, Salz und die warme Milch über die geschnittenen Semmeln in eine Schüssel geben und zudecken und durchziehen lassen. Die Butter erhitzen und die gewürfelte Zwiebel und geschnittene Petersilie andünsten. Alle Zutaten mit den Eiern zu den Semmeln geben und gut verkneten.
Reichlich Salzwasser zum Kochen bringen. Mit nassen Händen Knödel formen. Diese in kochendes Wasser einlegen und aufkochen lassen, Herdplatte zurückschalten und bei leicht geöffnetem Topf garziehen lassen. Garzeit: ca. 20 Minuten

Serviettenknödel: Grundrezept Semmelteig herstellen, anschließend bindet man die ganze Teigmasse in ein feuchtes Geschirrtuch oder auch in einen aufgeschnittenen Gefrierbeutel (formt eine längliche Form und bindet ihn an beiden Seiten mit einer Schnur zu) und hängt dies ins kochende Wasser. Garzeit: 25 bis 30 Minuten

Brezenknödel: Laugenbrezeln in feine Scheiben schneiden. Aus den feingeschnittenen Brezelscheiben, den Eiern, der warmen Milch und den Gewürzen eine feuchte Knödelmasse herstellen (wie Semmelknödel). Knödel daraus formen.
In kochendes Salzwasser geben und bei niedriger Hitze ca. 20 Minuten darin ziehen lassen.
Die Knödel passen sehr gut zu allem Fleisch mit Soße.

Spätzle/ Spinatspätzle

Zutaten:
250 g Mehl
1 TL Salz
4 Eier
125 ml Wasser

Spinatspätzle:
300 g Mehl
3 Eier
125 g blanchierter, pürierter Blattspinat
1 TL Salz
3 TL Wasser

Für die Spätzle das Mehl in eine Schüssel sieben, Salz, Eier und Wasser dazugeben, mit einem Kochlöffel zu einem zähflüssigen Teig rühren.
Wichtig: Der Teig soll schwer vom Löffel reißen!
Salzwasser zum Kochen bringen und Teig portionsweise mit dem Spätzlehobel ins kochende Salzwasser stoßen, aufkochen lassen, bis die Spätzle oben schwimmen. Diese mit dem Schaumlöffel herausholen und mit kaltem Wasser überbrausen.

Wenig Butter in einer Pfanne erhitzen, Spätzle darin schwenken und heiß werden lassen, servieren.

Für die Spinatspätzle den Spätzleteig herstellen mit zusätzlich Wasser, dann weiterverfahren wie oben.

Weißkrautgemüse mit Speck

Zutaten:
750–1000 kg Weißkraut

Zum Dünsten:
30 g Butter
1 Zwiebel, gewürfelt
40 g Speck, gewürfelt
evtl. etwas Weißwein
Pfeffer, Salz,
evtl. Kümmel

Béchamelsoße:
15 g Butter
15 g Mehl
Salz, Pfeffer, Muskat
etwa 250 ml Milch

Die gewürfelte Zwiebel im Fett glasigdünsten, den Speck auslassen, das in große Würfel geschnittene Weißkraut dazugeben, mitandünsten, mit ca. 250 ml Wasser aufgießen, eventuell noch etwas Weißwein dazugeben, würzen mit Salz und Pfeffer, im geschlossenen Topf bei mittlerer Hitze ca. 30 Minuten gardünsten. Eventuell noch ganzen Kümmel dazugeben.

Béchamelsoße herstellen, indem die Butter leicht erhitzt wird, das Mehl unter ständigem Rühren mit einem Schneebesen einrühren. Die Milch dazu gießen, würzen und unter häufigem Rühren und bei niedriger Hitze 10 Minuten köcheln lassen. Einbrenne über Weißkrautgemüse geben und vorsichtig unterheben. Servieren.

Notizen

Notizen

Impressum

Urheber- und Verlagsrecht

Das Kochbuch und alle in ihm enthaltenen einzelnen Rezepte, Informationen und Abbildungen sind urheberrechtlich geschützt. Mit Annahme des Rezeptes (inkl. Foto) gehen das Recht zur Veröffentlichung sowie die Rechte zur Übersetzung, zur Vergabe von Nachdruckrechten, zur elektronischen Speicherung in Datenbanken, zur Herstellung von Sonderdrucken, Fotokopien, Mikrokopien und Verwendung für digitale Medien (z.B. Apps) an den Verlag über. Jede Verwertung außerhalb der durch das Urheberrechtsgesetz festgelegten Grenzen ist ohne Zustimmung des Verlags unzulässig. In der unaufgeforderten Zusendung von Rezepten mit Fotos an den Verlag liegt das jederzeit widerrufliche Einverständnis, die zugesandten Rezepte mit Fotos in Datenbanken einzustellen, die vom Verlag oder von mit diesem kooperierenden Dritten geführt werden.

Noch Fragen oder Anregungen?

Der direkte Kontakt mit unseren Leserinnen liegt uns sehr am Herzen. Wenn Sie also Nachfragen, Rückmeldungen, Anregungen, Verbesserungsvorschläge oder Kritik zu diesem Buch haben, freuen wir uns sehr auf Ihre Nachricht. Sie erreichen uns am besten: Via Mail allgaeuerin@ava-verlag.de oder telefonisch unter (08 31) 5 71 42-51. Wenn Sie uns im Internet besuchen möchten, dann finden Sie uns unter www.dieallgäuerin.de.

Herausgeber & Verlag:
AVA-Agrar Verlag Allgäu GmbH
Porschestraße 2 • 87437 Kempten /Allgäu
Telefon: (08 31) 5 71 42-0 • Fax: (08 31) 7 90 08
E-Mail: vertrieb@ava-verlag.de
www.ava-verlag.de

Geschäftsführender Gesellschafter
Dipl.-Ing. (FH) Wolfgang Kühnle

Redaktion:
Anita Herta Kößler (verantwortlich)

Rezepte & Fotos:
Rita Brinz
Titelfoto: © Kab-vision - Fotolia.com

Layout:
Ulrike Wonka

Druck:
KKW-Druck GmbH
Heisinger Straße 17 • 87437 Kempten /Allgäu
Telefon: (08 31) 57 50-310 • Fax: (08 31) 57 50-360

AVA-Agrar Verlag Allgäu GmbH® • 1. Auflage 2015